「かかわり言葉」でつなぐ学級づくり

Yuki Aoyama
青山由紀

東洋館出版社

はじめに——学校で育てる力

かつて受け持った四年生の中に、音読に困難のある子どもがいました。会話は普通にできるのに、音読となると一年生よりもたどたどしい読み方なのです。また、その子は漢字の一〇問テストもいつも二、三問しか正解できませんでした。低学年のときからずっと、「練習するのが苦手な子」「努力の足りない子」と思われていたようで、子ども自身も「自分は勉強ができない」と、学ぶことを諦め始めていました。加えて、「乱暴な子」と恐れられていました。

検査をしてみると、文字を認識する能力が極端に劣っていることがわかりました。単なる努力不足ではなかったのです。文字を読むことが苦手なだけで、話すことや聞くことの能力は全く問題ありません。乱暴なのは、語彙が少ないために自分の思いをうまく言葉で表現できず、つい手が出てしまっていたこともわかってきました。

原因がわかれば、あとは地道に対処していくだけです。まず、【コミュニケーション力】を身に付けるために、人とかかわるのに必要な言葉を教えていきました。「乱暴な子」というレッテルを貼られ、何もしていないのにみんなつい敬遠しがちで、孤立寸前でした。

それでも根気よく指導すると、手を出すのを押さえ、「ええと、だからあ…、そうじゃなくて…」と、もどかしそうにしながら必死に話しをする彼の言葉に、周りの子どもの反応も徐々に変わり、学級全体が落ち着いてきました。

また、【基本的な生活習慣】が身に付いていないことも、些細なことでかっとしやすい原因になっていました。保護者に協力をお願いし、生活が安定すると共に気持ちが穏やかになったことも大きな後押しとなりました。

彼が落ち着くことで学級に寛容な土壌が生まれると、発想力に優れ、次々と面白いことを思いつく彼の持ち前のよさが認められるようになりました。もともとの素直で優しい性格もあり、当然友達も増えます。すると、【学習】に対しても意欲を見せ始めました。得意の図工と体育以外は「座っているだけ」だったのが、さまざまな教科で積極的に発言するようになったのです。文字を読むことが難しいことには変わりありませんが、音声で発問されたことは理解できますから、答えられることに、自身で気付いたようでした。

このようにして、彼は変わりました。けれども、実は一番大きく変わったのは、学級の子どもたちでした。いくら彼が努力をしても、文字を読むこと、殊に音読がたどたどしいのを改善するのは容易なことではありません。それでも懸命につかえながら読んでいる彼の声に、ほかの子どもたちが静かに耳を傾けます。みんなが心の中で応援しているのが互いに感じられ、それは彼にも伝わっています。不思議な一体感が生まれたのです。ある日、彼が音読し終えたとき、「○○、頑張ってるよな」と思わず声に出した子どもがいました。その声は、心の底から感心したというように聞こえました。周りの子どもたちも、深くうなずいています。彼は照れながら肩をすくめ、小さな声で「ありがとう」と言いました。

あの頃の日々を今振り返ってみると、彼が核となり、学級が一つにまとまっていったのだと思えます。

この子どもたちはすでに成人していますが、年に一度は集まって近況を報告し合ってい

学校で育てる力

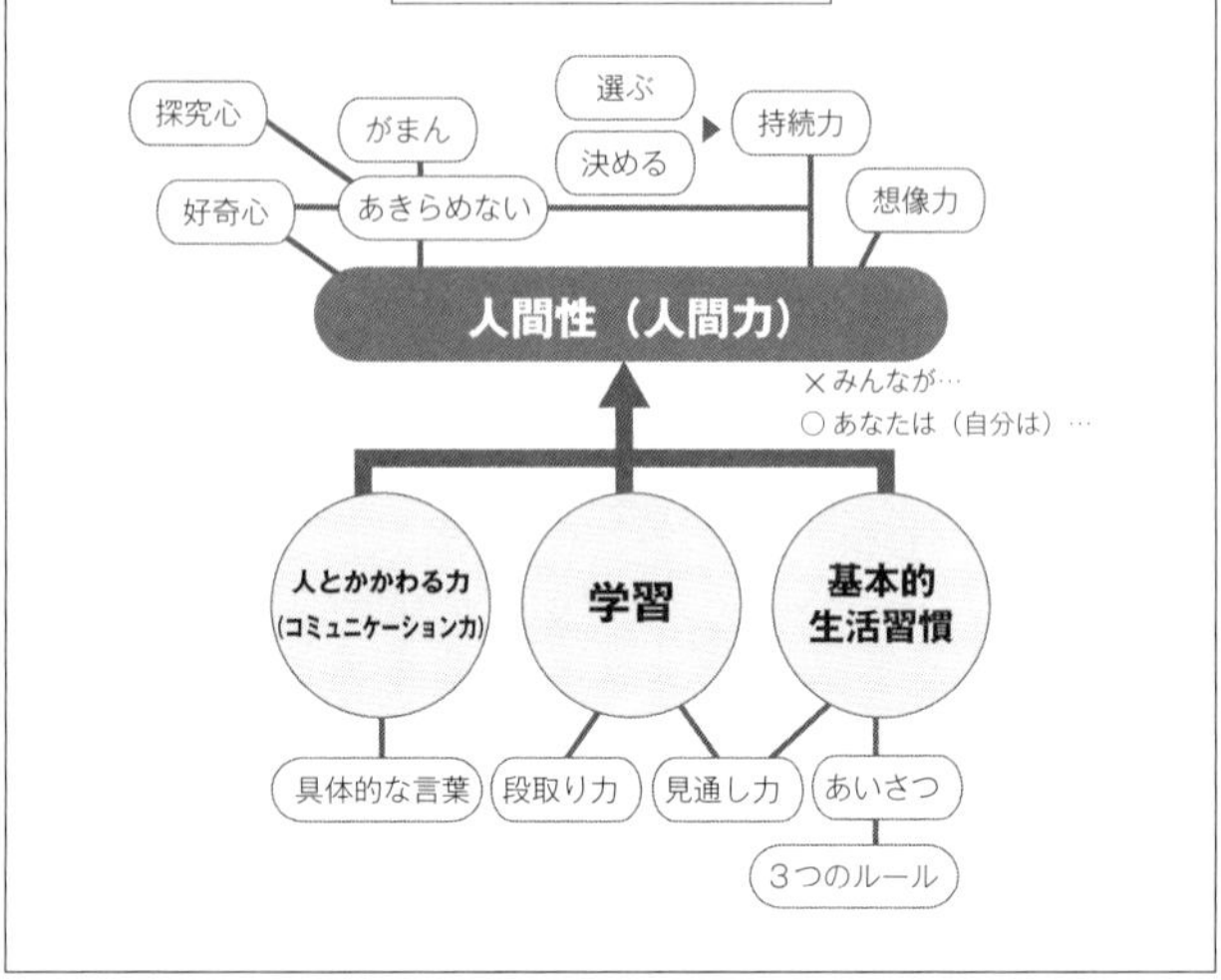

ます。文字を認識することが困難であった彼は、読むことの代わりに話したり聞いたりするコミュニケーション能力を伸ばし、五カ国語を話し、世界中に知り合いがいます。さらに、ものづくりの才能を生かし、中東で石油プラントをつくる仕事に携わろうとしています。

上表は、私が学校で育てたいと考えている力です。

先述の彼の事例からもわかるように、さまざまな経験や手立てを通して、【コミュニケーション力】【学習（知識や技能、思考力、判断力、表現力等）】【基本的な生活習慣】をきちんと付けてあげることで、子供の総合的な人間力を養います。また、その成長は周囲の子供にも影響を与え、共に成長し合う学級風土が生まれます。

そして、その際に助けとなるのが「かかわり言葉」です。

「かかわり言葉」とは、人と人とがかかわり合い、よりよい人間関係を築いていくときに効果を発揮する言葉の総称として使っています。具体的には、次のような言葉が挙げられます。

・あいさつ言葉（「おはよう」「ありがとう」「ごめんなさい」など）
・他者の考えを理解したり、推し量ったり、自分の考えを相手に伝えるときに使う言葉
・他者のよいところを見つけ、素直に褒める言葉

これらは、まずは身に付けたい「かかわり言葉」です。

また、「かかわり言葉」には、他者とつながるだけではなく、子どもの内面世界を豊かにするものがあります。

例えば、「だから」と「でも」です。

林間学校での話です。最終日の夜、予定ではキャンプファイヤーをすることになっていましたが、夕方から雨が降ってしまいました。

その日の日記に、Ａ子は
「だから、キャンプファイヤーができなかった。」と記しました。

Ｂ男は、

「でも、集会室でキャンドルファイヤーができた。」と書きました。

Ｃ美は、

「だから、キャンドルファイヤーができた。」と書いたのです。

Ａ子とＢ男とＣ美では、どのように違うでしょう。そうです。Ｃ美の方が、明らかに肯定的です。雨が降ってしまい、キャンプファイヤーができなかったという事実は同じなのに、それを前向きに捉えています。

生活する中では、いつもよいことばかりとはいきません。困難な事態に直面したときに、辛く悲しいと落ち込んだままで過ごすのか、ポジティブに考えて立ち向かっていくのとでは、人生が大きく異なります。私は、自分の学級の子どもたちには、後者であってほしいと願っています。

豊かな人間性を備え、たくさんの人に支えられながら、これからの時代をたくましく生き抜く子どもたちであってほしい。そのために、子どもたちにはさまざまな「かかわり言葉」を与え、また私自身も大切に使い、言葉でつながる学級でありたいと願っています。

令和元年六月

筑波大学附属小学校　青山由紀

「かかわり言葉」でつなぐ学級づくり　もくじ

第2章　子どもと子どもをつなぐ――自分の言葉で語らせる

第１章　規律を育てる

――学習規律、基本的な生活習慣を育てる

「どうしたいのかな？」――言葉力の見極め

入門期の語彙力

言葉を大切にする学級をつくりたいと思ったら、子どもたちに、自分のことを、自分の言葉で言えるように指導していくことが肝心だと考えています。

そのために、入門期の段階では、まず本人がどのくらい話せる力をもっているのかを、見ます。

例えば忘れ物をしたとき、「〇〇を忘れた」を言い淀んでいる子どもには、言えるようにヒントを与えながら待ちます。「〇〇を忘れたので、どうしたらいいですか」まで言えるようになれば、まずは合格です。

今の子どもは、「失敗しちゃった」とか、「ごめんなさい」と思っていても、固まってしまって「ごめんなさい」が言えないことが多い気がします。チラチラこちらを見て「わかってよ」みたいな表情をしている（笑）。

これは少子化の影響もあるのかもしれません。黙っていると大人が察して「～なんでしょ。だったらこうしなさい」と先に言ってしまうことが多いからではないのでしょうか。だからこそ、あえて、「どうしたのかな？」と問いかけて待つようにします。

入学してしばらく経った五月、六月になってもまだチラチラこちらの顔色をうかがっているだけで話せないことが続くようだと、もっている語彙が少ないか、もしくはよほど周りが代弁してくれていて、自分では言わずに済ませてきたか、かん黙傾向が強いのだと思います。このように、どこまでできるか、できないときは何が問題なのかを最初は見極めるようにしています。

もっている語彙が少ない子どもは、自分の気持ちを言葉で表現できないため、概して、暴力として人を傷つけるような行為に出たりとか、攻撃的な言葉をぶつけたりします。すると、ますますコミュニケーションがとれなくなり、対立したり孤立したりします。ですから、自分のことを自分の言葉で言うことを大切にしています。

このことは、入門期に限らず、学級開きでも同じです。

困ったときの三点セット

忘れ物を自分の言葉できちんと教師に伝えるための、最初の指導として学級ルールにするのが、次の「困ったときの三点セット」です。

①先生、何々を忘れました。（してしまいました。）↓報告
②ごめんなさい。↓挨拶、礼儀
③次にこうします。↓対処法、約束

このルールは、最初に誰かが忘れ物をして「先生、プリント……」などと言ってきた機会を捉えて伝えます。このとき大切なのは、いきなりルールを伝えるのではなく、段階的

に褒めながら、ということです。

はじめは、教師に指摘されるまで、忘れ物をしている自覚のない子どももいます。そのような中で「先生、プリント」と言う子に、「どうしたの？」と返し、「プリント忘れたの」や「忘れました」と言えるように促します。この報告でまずワンステップです。

そのときに「忘れ物に自分で気づいたのは偉かったね。それに自分から正直に『何々忘れました』と言えたのはもっと偉かったね」と、みんなの前で褒めます。褒めたうえで、「おしい、あとは、『ごめんなさい』も言えたらもっとよかったなぁ」。と話します。これでツーステップ。

次に、学級全員に、「忘れたときには、その後どうすればよかったのかな？」と問いかけます。すると、ほかの子も、「明日、持ってくればいいじゃない」とか「ほかの人に借りたらいいよ」とか、いろいろな改善策を提案してくれます。そこであらためて、「失敗をしてしまったとしても、その後、どう行動をするかを考えることが大事だよ」と全員に伝えます。ですから、忘れ物に限らず「困ったときの三点セット」なのです。

最後に、再び本人に「では、この後、どうしたらよいかな」と問いかけます。「明日持ってきます」と答えられたら、「そう、約束までできてすごいね」と褒め、学級全員で共有します。これでスリーステップ完了です。

その上で、「でもね、『今日、筆箱忘れました。明日、持ってきます。』だけでいいのかな。今日一日何もしないの？」と呼びかけます。たいてい、子どもから、「『先生、貸してください』と言えばいいんじゃない？」という声が上がります。「そうだね、『先生、貸してください』とか『お隣さんから借りていいですか』とかが、言えたらいいね」と次の一歩をふみ出す道すじをつけます。

このとき、どうしていいかわからないときの対処方法まで尋ねても、子どもは答えられません。そこで「『先生、どうしたらいいかわからないので教えてください』と聞けばいいんだよ」と教えると、子どもは、「おぉー」と感心してくれます（笑）。そんなバリエーションも伝えておきます。

機会を捉えて、この三点セットを繰り返し伝えていきます。いっぱい忘れ物をする子どもはすぐマスターします。たくさん練習するから（笑）。

逆に、めったに忘れ物をしない子どもの方が、二学期ぐらいになってフッと忘れ物をし

1.ステップ
先生…プリント
うん？
プリント？
どうしたの？
プリント
わすれました
2.ステップ
これ大事！
まずはほめる
正直に言えたのは
えらかったね
ごめんなさいも
言えたらいいなあ
先生プリント忘れました。
ごめんなさい。
3.ステップ
この後どうしたら
よかったかな
先生
プリント忘れました。
ごめんなさい。
明日 もってきます。

てしまうと、自ら言いに来られないものです。

そんなとき活躍するのは、普段忘れ物が多い子どもたちです。「〇〇ちゃん困っているけどどうしたらいいか、教えてあげられる人はいるかな」と言うと、そんな子どもたちが「教えられます！」「こんなふうに言うといいよ」なんて助けてくれるのです。もう得意満面で（笑）。

だから、忘れ物にしても、失敗にしてもしないに越したことはないけれど、してしまった後の対処の仕方が大切だということを意識付けます。対処の仕方は知らなければ教える。それもシンプルに三点セットで。

必ず「ごめんなさい」が言える子どもにしたいので、なかでも二点目の「ごめんなさい」は大切にしています。

この三点セットは、下の学年で身に付けておかないと、中学年になると「誰かから借りればいいや」と、教師にも言わず平気でいるようになります。その子自身はいいけれど、借りる物によっては、貸した子の勉強を阻害したり、困らせたりすることになってしまいます。

その際は、「人に迷惑をかけることだからまずは言いに来なさい」と指導します。言うタイミングも大切です。授業前の休み時間に忘れたことを言いに来られるのは、授業前にちゃんと用意ができていたり、今日何をするのかがわかっていたりするということだから、同じ忘れ物でもレベルが違うと伝えます。

だから、授業が始まってしばらく経って、こちらが「忘れたの？」と気付いてからの「ごめんなさい」は、やや強く叱る。もっと前に気付いて、自分から申し出ていれば叱らない。

そもそも授業前に準備できていれば気付くわけで、そのときに言えていたら「よく気が付いたね。では、どうするつもり？」と尋ね、プリントであれば「今日はこれを使っていいよ」と手持ちのものを渡すなど、こちらも対応できます。でも、授業中に言われたら、みんなを待たせてコピーに行くことはできません。

その分、授業前に自己申告できたら、気付いたことをほめるだけで、貸せるものは貸してあげます。貸し出し用の筆箱など、二、三セットは用意してあります。そして、貸したものを返すとき、「ありがとうございました」と言わせるようにします。忘れ物を借りた恥ずかしさもあるのでしょうが、黙ってそっと教卓に返していく子どももいますから。本校は毎日運動着を着用するので、クラスに運動着も備えています。次に忘れるかもしれない人のために、急いで洗たくして返すこと、返すときに口頭で「ありがとう」を言うことも指導できる貴重な機会となります。

忘れ物を叱るときは、授業を中断してまで叱ることは避け、後から本人だけに指導することが多いです。でも、学期のはじめには、逆にそれを指導のタイミングとすることもあります。「今日は、たまたま○○さんが忘れ物をしたけれど、みんなにも同じことが今後あるかもしれないので、覚えておいてください」そう言うと「○○さんのおかげで、忘れ物をしたときどうすればよいかわかったな」となる。本人も、「本当はよくないことだったけど、何だかみんなのためになったらしい」なんて失敗がプラスになることもあります(笑)。

本人がそう思うかどうかは別として、今日は失敗だったけど、みんなのためになったとする。みんなもなぜか「ありがとう」というぐらいで済ますと、授業中でもそんなに時間をかけずに済みます。時間をかけないで叱る方が印象に残り、引きずらないため、クラスの雰囲気も悪くしません。

そうやって、学期のはじめや、年度のはじめでクラス替えしたばかりの頃は、みんなに知っておいてもらいたいことを学級ルールとして徹底します。

叱る以上に大切なのは、褒めて子どもを動かすことです。「Aちゃん、プリントを後ろの人に渡すときに、『どうぞ』って言ってたね。その渡し方、いいね」「Bちゃんは今朝、校門の警備員さんに、大きな声であいさつしていて、気持ちがよかったわ」「Cちゃんは、落ちていたゴミをさっと拾ってゴミ箱に捨てていたね。そういうことをさりげなくできるって、すばらしい」など、指導したいと思っていることを注意ではなく、褒める形で伝えます。そのために、褒める子どもをいつも探しています。

連絡帳の活用法

低学年の連絡帳――基本的な生活習慣を育てるために

基本的な生活習慣を身に付けさせるために、一年生は、毎日連絡帳を書かせるようにします。一年生のはじめは、まだひらがながきちんと読めないし、書けなくて当たり前。でも数字ぐらいは書けるので、「4月12日」とか、曜日のところも、「書けたら、火曜日だから『か』と書くよ」と、そのぐらいで十分です。1、㋢1まい。2、1じ、げこう。と、板書します。㋢は、手紙（プリント）のことです。二番まであるときは少ないです。

書けた人から連絡帳を見せに来させます。「正しく書けているかな」と、チェックして私がはんこを押します。多少文字が雑でも間違っていてもとにかく書いたことを褒めます。

保護者にも必ずはんこをもらってきます。そうして、家に連絡帳を持ち帰って、保護者に見せるというのをまずは生活習慣として定着させます。

朝、学校に来たら着替えて、ランドセルを置いて、三点セット（連絡帳・筆箱・プリントファイル）を机の上に出す。私は子どもが登校する前に、（前日がベスト）黒板に連絡事項を書いておきます。用意ができた子どもから連絡帳を書いて、私のところに持ってきて、はんこを押す。これが朝の習慣です。

ただ「規則正しく生活するのですよ」と言うだけでは、子どもには無理です。そこで、学校に来てからのルーティンワーク、家に帰ってからのルーティンワークを決めるのです。何かあれば、保護者にも連絡帳に質問や連絡を書いていただき、そこに私も返事を書きます。ひらがなを直してあげてもいいし、文字や。（句点）が抜けていたら「～が抜けているよ」「ていねいに書けたね」などと子どもに話しかけます。とにかく毎日、一つでいいから何か書かせます。

保護者にも、「連絡帳を見ながら翌日の用意をすること」を家での生活習慣として定着させて欲しいとアナウンスします。そして、「お手数ですが見てあげて、見た印を、はんこでもサインでもいいのでしてください」と協力を求めます。保護者によっては、普通のはんこを押すおうちもあれば、かわいいはんこを押すおうちもあります。私も最初は「青山」というはんこではなく、鳥だったり、カエルだったり、日によって変えてあげます。それだけで「わっ、今日は、○○だ！」と喜びます。何日かに一度変えるだけでも、一年生は新しい柄のはんこを押してほしがり、モチベーションが上がります。

ただし、このルーティンは、少しずつ変え、だんだん手を離していくようにします。一学期中は、とりあえず学校と家庭の両方でチェック。二学期は、長い休みの後は一回リセットされてしまうので、はじめの二週間ぐらいは一学期のやり方のまま、きちんと習慣を整えます。その後は、まずは先生のチェックだけ卒業。保護者のチェックは続けてもらいます。最終的には、保護者のチェックも外します。ただし、手を離すときに「忘れ物が増えたら、もう一回先生チェックからスタートだよ」と、約束しておきます。

同時期に、全員に一回合格を出します。一回合格するけれども、忘れ物が続くと、もう一回先生チェック付きに戻る。「そろそろ戻そうかな」と警告すると、それはいやだから

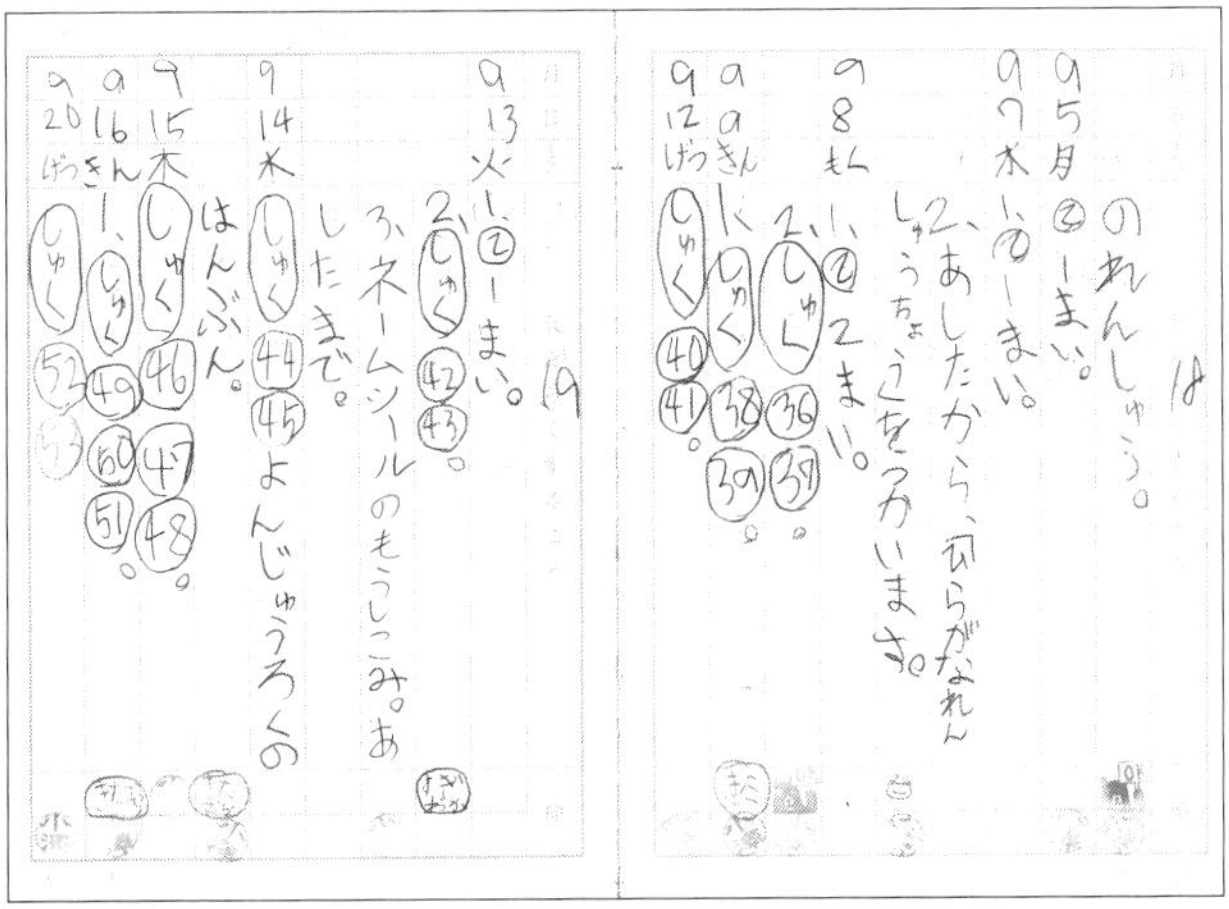

１年生の連絡帳

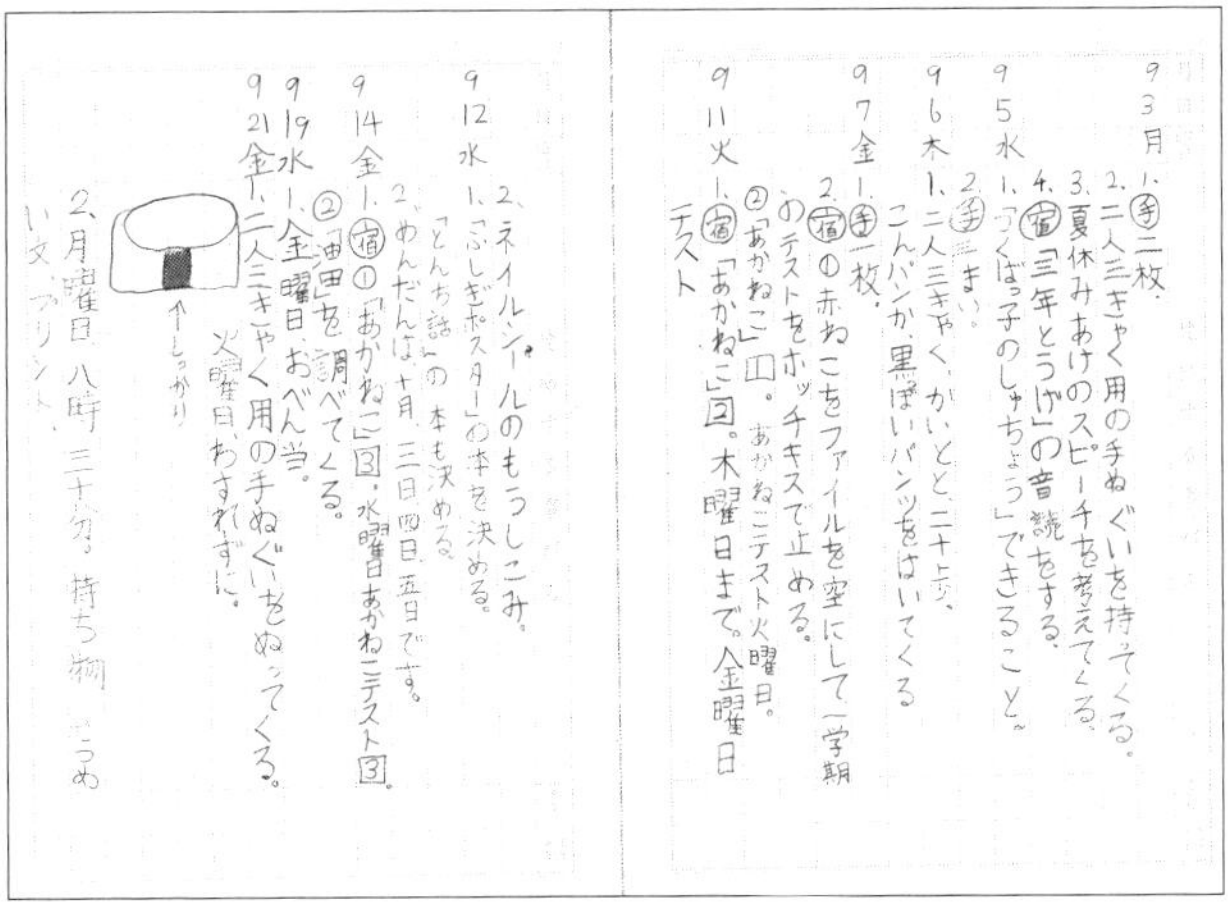

３年生の連絡帳

たいていは頑張ってもち直します。でも、頑張ってもできなかったら、やり直す。「再び合格すれば先生チェックは要らないよ」と励まします。エラーしたらトライして合格すればいい。またエラーしたら、少し立ち戻る。それは、定着するまで誰でも何度でも、できるシステムです。

これは、連絡帳だけに限りません。何事も、すぐにできるようになることなどほとんどないからです。ここでしているのは、生活面でも学習面でもできなかったら基本に立ち返って、何度でもやり直す姿勢づくりです。一段階戻るときは、本人と私で相談しながら進めます。「まずこのやり方でやってみる。それでも、うまくいかなかったら、また違うやり方を一緒に見つけよう」と、一つの方法を押しつけることのないように心がけています。子どもによって、合う方法はちがうからです。「先生はAのやり方や、Bのやり方を知っているけど、どちらかでやってみる?」など、子どもに選ばせます。「自分が決めた」方法だと頑張ることができるからです。また、その子なりの工夫も生まれます。

それまではできていた場合は理由を尋ねます。すると、自分から「連絡帳、さぼっていたから」「連絡帳を書いても、うちに持って帰ってなかったから」などと原因が言えたら一歩前進。自覚はあります。「じゃあ、どうする？」と対処法を本人に言わせて、それでしばらく様子をみます。

そのとき、「注意します」「頑張ります」だけではだめです。方針がはっきりしないと、結局はできません。「先生のチェックは必要？　おうちの人のチェックは？　手伝ってもらってもいいよ。どうする？」と尋ね、「ちょっと手伝ってもらう」なのか、「とりあえずは手伝ってもらわないで自力でやってみて、二週間たって駄目だったら、手伝ってもらうところから始める」なのか、本人の考えを尊重します。そこまで自覚化されるまで、じっくり付き合います。

ちなみに、おうちでのチェックまで一気に外さないのは、家での準備不足が忘れ物となって表れるからです。連絡帳を見ながら翌日の用意をする習慣を身に付けさせたいのです。先生のチェックがなくなっても、「今日、ほんとに連絡帳に書くことなかったの？　先生は毎日書くって、言ってたよ」と保護者に言われると、子どもは「今日はさぼって書かなかった、ごめんなさい」と自覚できます。保護者も子どもの実態を把握できます。

連絡帳を書くことに慣れてきたら、忘れた物を赤鉛筆で書いて申告するというルールを一つ増やします。連絡帳は鉛筆で書くけれども、忘れ物をしたら、連絡帳に赤で「〇〇のプリント」「おんどくカード」などと書いて、私のところに持ってきて印をもらいます。このルールも学級通信や保護者会で伝えます。

連絡帳を私のところに持ってきて、先ほど述べた「困ったときの三点セット」を行います。「先生、音読カード、忘れてしまいました、ごめんなさい」「連絡帳は書いてきたのね。約束はどうするの？」「明日、今日と昨日の分の〇を付けたカードを、持ってきます」と自分で約束を決めたら、「ちゃんと言えて偉かったね」と褒めます。その上で、「明日、見せてもらうのを楽しみにしているよ」と期待していることを伝えます。

このほかに、学期末の面談の前に、特に聞きたいことがあればそれも連絡帳に書いて、事前に提出してもらいます。保護者にも連絡帳を使ってもらうことで、自然とチェック機能が果たせます。「最近、忘れ物はいかがでしょうか」という保護者には、「連絡帳に赤い字がどのくらいあるかで、面談を待たなくても忘れ物の状況はわかるようになっています」と伝えます。

どのページにも赤い字がある子は、忘れ物常習者ということです（笑）。

そういう子は、ただ連絡帳に書くだけで、家に帰って連絡帳を見ていないか、書いても学校に置いていっているかでしょう。三年生までにそれができていないと、理科や社会など教科が増えて、持ち物も増えたときに、忘れ物をするリスクがますます増えます。子ども自身が連絡帳をうまく使いこなせていないと、用意するものや提出物がわからなくなってきます。保護者は、二、三年先のことまで見通してはいません。ですから、なんのために低学年でこんなにチェックをしているのか、きちんとアナウンスします。

このように、だんだんと手を離して、二年生ぐらいで、教師も保護者もチェックをやめます。

もちろん、忘れ物の赤い字が増えてきたら、いつでもチェックは復活します。「一歩後退して保護者にチェックをお願いするか、先生と保護者のダブルチェックから始めようか」と迫ると、「いいです、いいです、頑張ります」となりますが（笑）。

ただし、手を離すと言っても、手も目も、いっぺんに離してしまうわけではありません。

保護者が直接ランドセルに入れなくても、入れたかなと目は離さない。「連絡帳を見ながら用意したの？」と声かけもできます。

「手を離せと先生が言ったから、手を離しました」ではなく、「手を離しても目は離さないで下さい」と、二年生の間は言い続けます。

ときどき提出物は学校に持ってきているのに、出さない子どもがいます。ずっとランドセルに入れたまま。「忘れ物を連絡帳に赤で書いて持っておいで」と言うと、「持っていたのだけれど、朝出さないですぐに遊びに行っちゃった」と言う。ルーティンワークが身に付いていないから起こることです。

一年生からの習慣で、朝、ランドセルから三点セット（プリントファイル・筆箱・連絡帳）を出したときに、提出物を出して、連絡帳を書くということが完全に習慣になっている子は、登校したら、さっさとやることをやって遊びに行きます。支度が速いから、遊ぶ時間もたっぷりあるし、行動がテキパキしている。三年生ぐらいになると、ルーティンワークが身に付いているか、身に付いていないかの差が、歴然と出てきます。活動への取組にしろ、物の管理にしろ、学習にしろ、すべてに影響します。

だからこそ、一年生のルーティンワークづくりは「なんのためにしているのか」というアナウンスが保護者に必要なのです。目的や意味を納得してすると、取組が全然違います。一年間のビジョンではなく、上学年を見据えた少し先のビジョンをきちんと伝えることを心がけています。

連絡帳の形式

連絡帳は、低学年の最初は、市販のものを使っています。
四、五年生になると、一週間、二週間先の提出物や持ち物が増えてきます。ですから、数日ではなく、もっと長いスパンで見通しが立てられるようにしていきます。
五、六年になると、ドリルを宿題とするときには、二週間後までに何ページまで終わらせるという、少し長いスパンで取り組ませる宿題を出します。それぞれ、ピアノや水泳などの習い事もあるでしょうし、翌日までの宿題もあるでしょう。今日は算数の宿題がいっぱいあるから、そのドリルはできないとか、今日は宿題が少ないから、これを進めておこうとか。自分なりの見通しをもって勉強ができるようにしたいのです。

方法としては、一ケ月分のカレンダーに、学校行事を書き込んであげます。学期分をまとめて連絡帳に貼らせたり、プリントファイルに入れさせておきます。次の日の予定は連絡帳に書くだけでいいけれども、少し先のはそちらに書いておく使い方も教えます。

忘れ物をしないとか、提出物をきちんと出すとよいことは、みんなわかっている。けれどもできないのは、怠けているとか、不注意とかよりも、やり方がわからないからということが多いです。そのやり方は一つではありません、その子によってそれぞれ合うやり方は異なるので、いろいろなやり方を提示します。先程の一カ月のカレンダー型のやり方はそのうちの一つで、多くの子どもたちがやりやすい方法です。

上の学年になると、自分でスケジュール帳を用意して、連絡帳代わりにしている子もいます。別に市販の連絡帳にこだわる必要はありません。

自分で決める

私は、選択肢は与えるけれども、基本的には「自分で決める」ことを大事にしています。言われたからではなく、「『あなたが決めた』ことだよね」と。

子どもは、自分で言ってしまったこと、自分が決めたことは、こちらが押し付けるよりも頑張ろうとしますし、持続力も伴います。頑張れと言われたから頑張れるものでもないし、頑張り続けろと言われて続けられるものでもない。持続力を生むのはやはり自分で「選ぶ」「決める」ということです。

個に限らず、学級内でのお楽しみ会や校外学習でしたいことなどを「決める」ことも学級に委ねます。

学級で決めさせるときには、また別のねらいもあります。

例えば、違う考えの者同士がどのように折り合いをつけていくかを学ばせるとか、ふだん目立たないAちゃんがみんなに注目されるような場づくりにするとか。

クラス替え直後は、クラスのルールづくりの時期です。特に高学年では、自分たちが納得した約束事でないと守らない。ルールとして成立しません。そのかわり、自分たちで決めたことは感心するほどよく守ります。また、自分たちで常にバージョンアップさせていきます。

もちろん、最終的にはこちらの思いに近付くように仕向けることもありますが、安全面や時間的な見通し、人間関係など、特に問題がなければ、想定外であっても、子どもたちの決めたことを尊重するようにします。「これは難しいだろう」と思っても、わざとゴーサインを出すこともあります。

問題が起きたら、決め直させればよいのです。決め直すことも、とても大切です。

つい最近のことで言えば、四年生にクラスの係を決めさせたのですが、こちらの出した条件は、「クラスのみんなが過ごしやすくするための係であること」でした。すると、「イベント企画係」「スポーツ係」「宝さがし係」などの係を子どもたちが考え出しました。「これらの係があれば、クラスの生活はうまくいくのね」と確かめたところ、「自分たちがしたいことばかりだ」「みんなを盛り上げたり、楽しませるだけでいいのかな？」「運動着係のような貸し出した物の管理をする係も必要だよ」などの意見が出されました。

係も、担任が示してしまえばあっという間に決まります。しかし、それでは「みんなが過ごしやすい」とはどのようなことかを考えたり、自分がしたいことを優先させるだけでは、集団生活が成り立たないことに気付くせっかくのチャンスを逃すことになります。自分たちで考えて答えを導き出すことが大切なのです。

給食指導

アレルギーの対応

昨今、給食に関して、「必ず食べなさい」「残さず食べなさい」という指導は、アレルギーのこともあり、できません。

どの学校も、アレルギーは学校に届け出てもらっています。でもときどき、保護者も気付いていないアレルギーをもっていることがあります。

以前担任したクラスに、重度のメロンアレルギーの子がいました。「○○ちゃんのお皿にはメロンは絶対に入れないで。先に先生が取るから」と子どもたちに声をかけたら、何の届けも出ていない子が、「そうだよね。メロン食べると、のどの中がカユカユするもんね」と言ったので、びっくりしました。のどの中が腫れたら、呼吸困難となります。「のどの中がカユカユするの?」と確かめると、「うん」。メロンとは、そういうものだと彼は思っていたようなのです。

そこで、「普段、家でメロンを食べている?」と聞くと、「おうちじゃ食べないけど、外でパフェとかについているのを食べるよ」と言うのです。ごく薄いメロンの切れ端でも、反応してしまうのです。あわててその日はメロンを取り上げ、保護者にあらためて病院で調べてもらうことにしました。するとその子は、やはり強いアレルギーをもっていたことがわかりました。後から保護者に聞いたところ、「家族中、メロンがあまり好きではないため、買ったことがありませんでした」とのことでした。本当に危ないところでした。

一年生や小さい子の「嫌い」は、味が苦手なだけではなく、体が受け付けていない場合もあります。それを保護者も気付いていないということもあれば、途中からアレルギー反応が出てくる子もいます。ですから、特に一年生の給食は、アレルギーの届けがない子も、様子を見るようにしています。

先述のとおり、「すべて食べなさい」という給食指導はしていません。ただ、何か事情がない限りは、「ひと口は食べてみよう」と声かけします。食わず嫌いも結構多いので、苦手だったら、最初は残してもいいことにします。給食のメニューを一通り経験した後は、少しずつ、食べられる分量を増やしていくように言います。

食欲旺盛な子と、そうでない子と、食べられる量はそれぞれ違います。同じ子どもでも時期によって変化します。子ども自身が不思議がるほどお腹のすく時期もあります。ですから、自分が食べられる分量を自覚させることも大事です。「お皿にとった分を食べきって、もう少し食べられそうだったら、おかわりに来ていいよ。でも、おかわりしたものを、捨てることはダメだよ」と、自分の適正量を取ることを意識させます。バイキングの食事マナーと一緒です。

それでも、毎回残してしまう子もいます。「昨日は残してしまったから、今日は少なめにしておこうかな。食べられそうだったらもう一回行こう」という判断が自分でできない。

そういう子は、連日残しているのに、同じ分量をとり、結局残す、を繰り返します。自分の食べられる分量が理解できないんですね。

それは、普段から大人に「こうしなさい」と言われてやっているだけの子どもに多いです。与えられた物を食べるだけ、食べられなければ残すことが普通となっているので、自分の適正量を考えずにお皿にとっています。

そういう子どもは、勉強でも判断力が弱い。今やっていることがわかっているか、わかっていないか、どれが苦手か、苦手ではないか、どれから手を付けなければいけないのかわからない。自覚しながら生活する習慣がないのでしょう。

もちろん、勉強ができる子の中にもそういう子がいます。低学年では、就学前からもっていた能力の余力でやり過ごしていますが、学年が上がるにつれて日々のあらゆることに目算が立たなくなります。今後、より複雑な判断力を求められる学習になるとつまずくのではないかと、注意して見るようにしています。

判断力の根っこは一緒です。給食に限らずすべてに表れます。

苦手なことから逃げない力

給食は、判断力に加えて、苦手なことから逃げない力も養えます。たとえば、野菜は苦手だけれども、少しでも食べようと努力することです。「今日、ちょっと頑張れたよ」と嬉しそうに報告してくる子は、苦手なものから逃げません。反対に、苦手なものには手も付けず、努力もしようとしない子は、結局、苦手なものから逃げる習慣がついてしまい、勉強も苦手なものは頑張ろうとしません。いくらその教科が好きでも、同じ教科の中で苦手な領域というのも出てきます。苦手なところは目をつぶり、好きなものだけやっていくと、結局、学習の積み残しがだんだん増えてしまいます。

苦手だけれど頑張ってみて、「できるようになった」というのは、大人だっていい気持ちになるでしょう。だから、食べ物をきっかけに、勉強や運動など、ほかのものも、「もしかしたら、今までできなかったものができるかな」と、どんどん挑戦するようになり、できるようになることが増えていきます。でも、ただ避けているばかりだと、苦手はもっと増えていくわけです。そこに目をつぶるから、本当にできなくなっていく。

だから、自分から頑張っている子どもを見つけたら大袈裟に褒めます。子どもから「今日は二切れ、キャベツ食べられた」などと言ってきたときも同様です。「よく頑張ったね」と認めてあげることで、周りの子も「ぼくも今日、頑張ったよ」と努力の波紋が広がります。友達の影響は大きいですね。

低学年から中学年にかけて、子どもの舌（味覚）は変わるそうです。成長につれて味覚が愚鈍になり、酸味や苦みへの敏感さが軽減されると言われています。だから、「あれ？今まで嫌いだったけど、今日は大丈夫」ということもあります。時折、子どもにもそんな話もして、全く手を付けないのではなく、「ちょっとでいいから食べてみてごらん」と声がけをします。そうすると、二、三年生で、「前はこれは食べられなかったのに、食べられるようになったよ」と言う子が増えてきます。

互いを尊重する

給食主任をしているとき、クラスによって牛乳の飲み残しの量があまりにも違っているのに驚いたことがあります。「牛乳アレルギーの子どもがいて、その子は飲まないから、他の子どもにも無理強いできない」というのですが、これは「平等」を誤ってとらえているように思います。

牛乳アレルギーの子がいた場合、私は最初に、クラスの子どもたちに「○○ちゃんは牛乳アレルギーなので、牛乳は飲んではいけません」と宣言します。

給食を食べ始めてから、さも今気付いたように「今日はパンだから、牛乳がないとつらいねぇ。○○ちゃんは大変だ」と言います。すると、他の子どもたちから「○○ちゃんだけ、水筒のお茶を飲んでいいことにしてあげて」という声が挙がります。

「みんな、優しいねぇ」と褒めつつ、「でも○○ちゃんは、みんなに『水筒いいなぁ』と言われるんじゃないかと思って、飲みにくいんじゃないの？」とたたみかけます。

そうして「だれもそんなこと言わないよ。だって○○ちゃんはアレルギーなんだから仕方ないよ」「これから毎日、○○ちゃんは水筒でいいよ」という声を子どもたちから引き出します。

これで、○○ちゃんにも、それ以外の子どもたちにも、指導は完了です。アレルギーをもっていない子どもは、苦手でも頑張ろうという気持ちになります。

宿題は学習習慣

入門期の学習習慣づくり

家庭での学習習慣は、学習の定着に直結します。そのため一年生では、毎日机に向かうために、たとえひらがな一文字でも、宿題を必ず出します。

音読の宿題も毎日出します。最初は毎日保護者に聞いていただきます。保護者の負担も考え、評価項目は、◎、○、△だけです。本人は正しく読んでいるつもりでも、読み誤っていることも多いので、最初のうちはチェックが必要です。

しばらくすると、保護者には五回目と十回目だけ聞いていただくというように、段階的に変えていきます。四回は自分ひとりで練習して、五回目にチェックを受け、「正しくはっきり読めたね」「点や丸の間がきちんと空いてなかったよ」「読み飛ばしているところがあったよ」というようなコメントを保護者にいただく。それを受けて九回目まで音読練習し、十回目に再度聞いてもらい、コメントをいただく。最後に、本人の感想を書かせます。

最終的に、一年生の後半には十回目だけ聞いてもらうように、ステップアップします。十日に一回だけなので、保護者の負担も軽くなります。「前に聞いたのよりも、こういうところがよくなったね」や、「感じが出ていた」などの、コメントは子どもにとって励みになります。「自分でも○○○を頑張ったので、次はもう少し△△△を頑張りたい」のように、振り返りと次の目標まで書くようになります。

自己調整力を高める

高学年ではまとまった分量の宿題を、期間を長くとって出します。計画的に見通しをもって学習を進める力を養うためです。国語の読解ドリルや算数ドリルが向いています。

ドリルは、直接答えを書き込まないで、ノートに書かせます。誤った問題を解き直させるためです。まずは最初の一ページ分だけさせます。ページと問題番号をきちんと書かせ、終わったら丸付けをして、間違っていたものの直しをする。そこまでがひとまとまりです。直しまで終えてから、次のページ（回）に進みます。そのやり方やノートの使い方までを学校で説明してから、同じようにあと七・八ページ先までを、次の週までの宿題とします。いきなり長いスパンでは出しません。最初は一週間後ぐらいを期限にして少ないページ数で始め、やり方が定着してきたら二週間後、三週間後というように、段階的に期間を長くしていきます。

このような宿題の出し方によって、子どもたちは、習い事やその他の宿題との兼ね合いをみながら、自分でスケジュールを立てられるようになります。高学年になると子どもたちも、平日はなにかと忙しいため、土日を何回かはさむようにします。子どもたちにも「土日が、二回はあるよ」などと伝えて、自分で計画を立てて進められるようにします。

日記指導

日記は、毎日書くとは義務付けていません。毎日としてしまうと、「～しました」「～へ行きました」ばかりの「したこと日記」になってしまいます。一週間に一度でいいので、内容のまとまったものを書かせます。これは伝えたいとか、これは心に残ったというようような「一週間に一つ日記」というようなスタイルにしています。もちろん、書きたいことがあれば、数日分書いて構いません。

日記帳は二冊用意しておいて、一冊提出している間でも手元にあるものに、書きたいときに書けるというスタイルにしています。本来、すぐに読んでその日のうちに返すべきですが、すぐに確認して返事を書けないこともあります。子どもも書きたいときに日記帳がないということも起きないので、お互いに楽です。

体裁は、一ページ二〇〇字の原稿用紙を使っています。一度に書く分量も、何ページ書かなければいけないなどの条件は付けません。マス目が大きい用紙は文字を大きく書くのに時間がかかってしまいます。二〇〇字の用紙は分量の呪縛や負担感が少なく、書きたいことをスピードにのって書くことができます。さらにカギを使って行替えしたら、二〇〇字はあっという間です。たくさん書けたという達成感もあってちょうどよいようです。

また、したこと日記にならないように、ときどきお題を出します。国語で「たんぽぽのちえ」を学習したあとに「たんぽぽについて」というお題を出したこともあります。このほかに、「〇年生になって（抱負）」「最近のマイ・ブーム」「春見つけ」「いいとこ見つけ」など「今週のお題」を出しました。お題については、一〜二週間の間に書けばいいことにしています。一週間のうちにお題についてだけでもいいし、他に書きたいことがあればそれも書いていい。とにかく書きたいことを書くことを大切にしています。友人関係の悩みを書いてくる子もいます。

『はれときどきぶた』（岩崎書店、一九八〇年）を読み聞かせした後には、「うそ日記」

を書いてくる子もいます。会話文も多く、堂々とうそをついて好きなように書けるのが面白いらしく、たくさん書いてくる子も出てきます。「うそ日記」ばかり書きたがる子どもに「しばらく書かなくていいです」と言うこともあるくらいです（笑）。子どもはお話づくりが好きなんだなぁとつくづく思います。

余談ですが、思いきりうそをつくとそれで満足するのか、つまらないうそはつかないようになります。

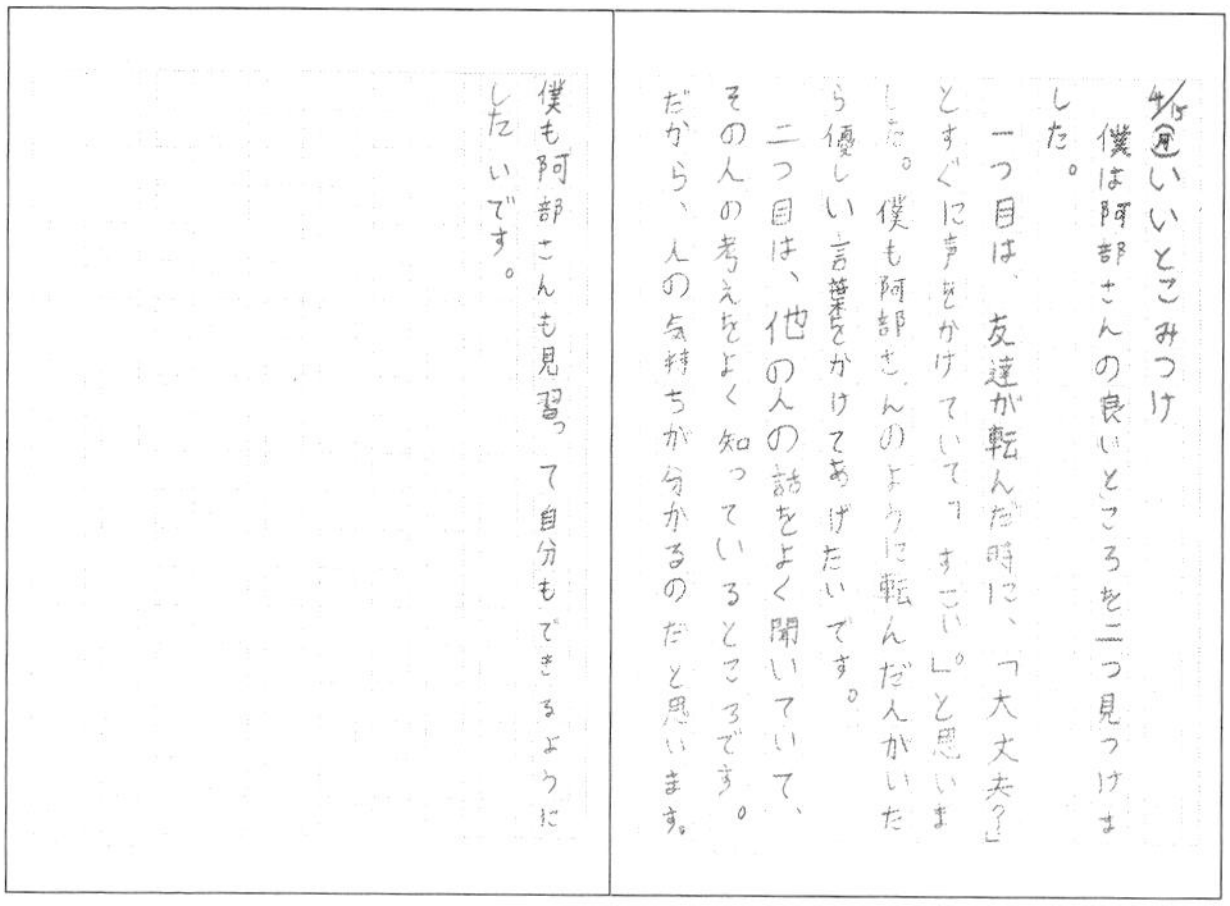
4/15(月)いいとこみつけ
僕は阿部さんの良いところを二つ見つけました。

一つ目は、友達が転んだ時に、「大丈夫?」とすぐに声をかけていて「すごい」と思いました。僕も阿部さんのように転んだ人がいたら優しい言葉をかけてあげたいです。

二つ目は、他の人の話をよく聞いていて、その人の考えをよく知っているところです。だから、人の気持ちが分かるのだと思います。

僕も阿部さんも見習って自分もできるようにしたいです。

いいとこ見つけ日記①

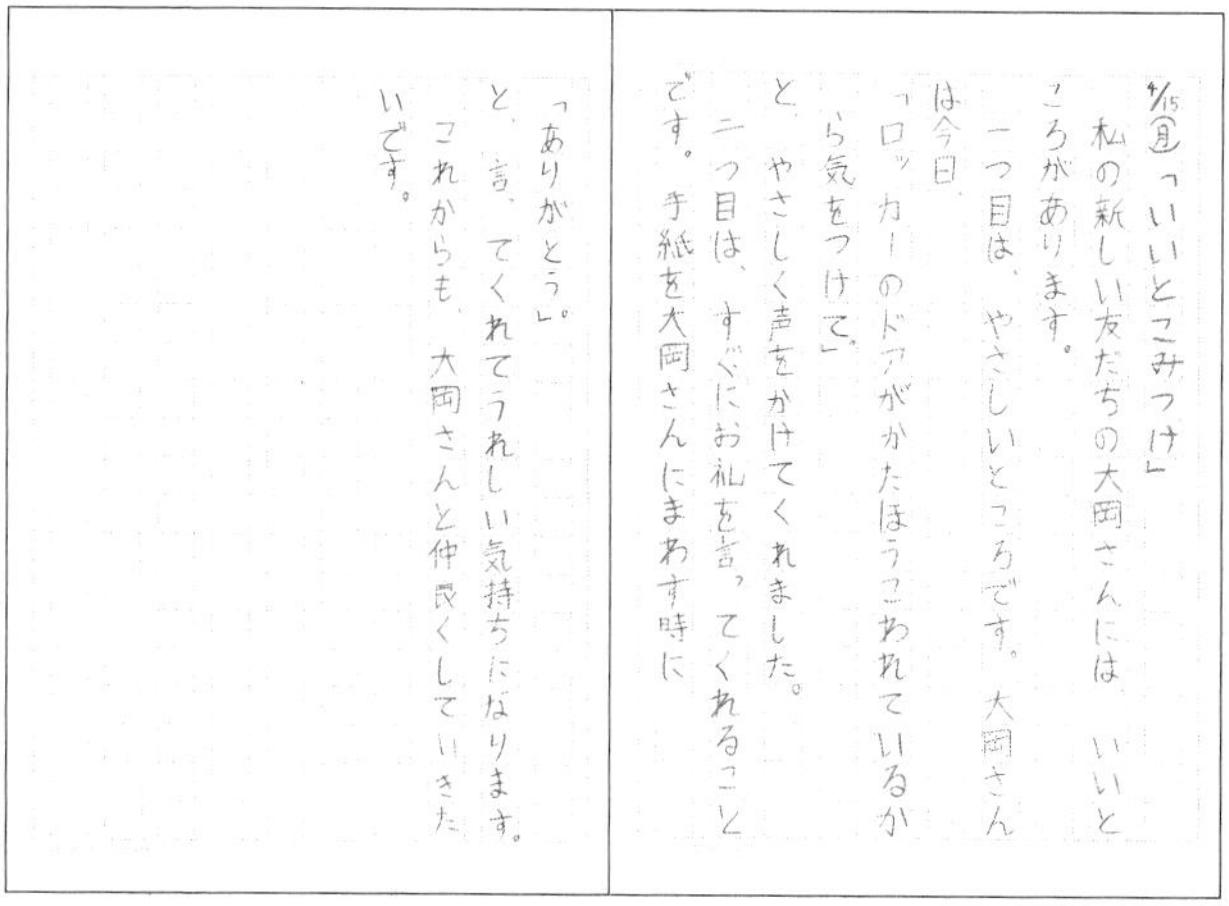
4/15(月)「いいとこみつけ」

私の新しい友だちの大岡さんには、いいところがあります。

一つ目は、やさしいところです。大岡さんは今日、

「ロッカーのドアがかたほうこわれているから気をつけて。」

と、やさしく声をかけてくれました。

二つ目は、すぐにお礼を言ってくれることです。手紙を大岡さんにまわす時に
「ありがとう。」

と、言ってくれてうれしい気持ちになります。

これからも、大岡さんと仲良くしていきたいです。

いいとこ見つけ日記②

授業への心構え

授業前に準備して持ち物を確認する習慣が身に付くと、休み時間ギリギリまで、遊んでいることがなくなります。国語の場合は、いま学習をしている教材を、音読して待っているように約束しておきます。

約束をした次の時間には、わざと一、二分遅れて教室に行きます。そこで音読していた子どもがいたら大袈裟に褒め、題名の横に花マルを一つ書かせます。そうすると、次の授業ではほとんど全員が音読して待っています。

三年生ぐらいまではコレクターの年齢です。何かを集めるとか、見た目に増えていくこ

わざと
1、2分おくれる
こくご
約束をまもって
音読をしているね
えらい！

となどが大好きなので、「花マル貯金」と呼び、花マルをふやそうと頑張ります。教師がときどき「花マルいくつになった？」と聞いたりチェックしたりしながら、授業前から座って音読している習慣を付けると、スッと授業に入れるようになります。

それにも慣れて、やや中だるみしてきた頃に、「AさんとBさんとCさんは花マルを二個付けていいよ」と言うと「えっ、何で？　何で二個付けていいんですか」とざわざわします。「ノートも開いて準備していたから二個付けていいよ」と言うと、みんな次の日から、ノートも開いてます（笑）。何しろ二倍ずつ増えていくんですから。

大人からしたら、「自分でつける花マルがそんなにいいかなぁ」と思うかもしれませんが、見た目に増えていくのは、子どもにはうれしいんです。自分がしたものが増えていって後に残るのは、達成感があるのです。これは、三年生ぐらいまでは余裕で喜んでやってくれます。四年生も最初のうちだったら使えます。五年生ぐらいになってきたら、「花マルちゃん」というのもかっこ悪いから「星印」でもいいですね。とにかく、ちょっと付けさせるだけで自分なりの目当てや自己評価にもなります。

授業の準備が悪いクラスほど、教室に入るなり用意ができている子どもに、「偉い！」と言うだけで効果があります。子どもの音読から、そのまま授業にスッと入れるので、はじめの挨拶の前によくある「○○さん、早くしてください」という声がけや用意が整うのを待つのに時間を取られる必要がなくなります。

「○○さんとおなじで」——三人指名の機能

授業中に指名するとき、私はよく一度に三人まとめて指名する方法をとります。これは一年生の夏休み明けくらいから始めます。

最初は、『スイミー』の主人公は誰ですか？」といった、全員が挙手できる発問をしたときに、三人を指名します。三人を立たせ、指名した順に発言させます。Aちゃんも「スイミーです」、Bちゃんも「スイミーです」、Cちゃんも「スイミーです」と答えます。このような答えが同じになる簡単な発問で三人指名を繰り返します。しばらくすると、二番目に指名したBちゃんから「Aちゃんと同じで…」という言葉が出ます。そうしたら「Aちゃんの言ったことを、よく聞いてたね！すごい」とすかさず褒め、黒板の左はじに「○

○さんとおなじで」と書きます。これが最初の「かかわり言葉」です。

するると、Cちゃんもそうかという表情で、「AちゃんやBちゃんと同じで……」と言い始めます。そこでまた「よく聞いてたね～」とたくさん褒めます。

「○○さんと同じで…」がわかったら、今度は意見が分かれる質問もしてみます。するとと二番目の子が、「Aちゃんとは違うんだけど……」と困った様子を見せます。私が「『Aちゃんと同じで…』は使えないね」と言うと、まわりの子が「『Aちゃんと違って』って言えばいいよ」と助け船を出してくれます。「なるほど、前の人と違うことを言うときには、『○○さんとちがって』と言えばよいのですね」と、先ほど黒板に書いた横に「○○さんとちがって」と並べて書きます。今度は三番目の子が「私はAさんとおなじで…」と発言するので「前に発言した二人の意見をよく聞いてたね～」とまた褒めます。

そのうちに慣れてくると「まったく同じではなくて」、「ちょっと違って」とか、「○○さんと似ていて」などバリエーションが増えてきます。

紙に書いて壁に掲示せず、黒板の左隅に書くだけなのは、面倒だからではありません。紙に書いた物を貼ってしまうと、その時点で子どもが意識しなくなります。時間が経つにしたがって、風景の一部、いわば壁のシミと化します。

「かかわり言葉」を黒板に書き残すことで子どもの目につくのです。常に意識され、国語に限らず、算数や社会など他の授業でも自然と使うようになります。数日間はそのまま書き残しておきます。そのうち消されてしまっても、しばらくは、「かかわり言葉」を使って発言し続けます。意識が薄くなってきた頃に、再び「かかわり言葉」を使った子どもを褒め、また黒板に書くことで、彼らもあらためて意識し直します。

三人指名を繰り返していると、二番目と三番目に発言する子は、自分の考えと前に発言した子の意見とを〈比較〉しながら聞くようになり、それが【思考力】の鍛えとなります。大事なのは、その三人を他の子どもたちが見ているということです。三人がかかわっている姿をいつも見ていると、発言者でないまわりの子どもも「私は○○さんと同じだ」などと考えながら聞くようになります。発言している子どもは、当然ものを考えているから発言しています。私たち教師がしたいのは、発言していないその他大勢の子どもの頭を働かせることです。言いかえると、いかに思考をアクティブにさせるかです。「かかわり言葉」がヒントになって、○○さんと自分は同じか違うかという〈比較〉の思考が働き出し、発言者にかかわるようになる。それが「かかわり言葉」の大きな機能です。

立って発言させるのは、発言者同士を互いに意識させるためと、まわりの子どもたちに〈比較〉の思考を視覚的に理解させるためです。慣れてくると座ったままの指名もできるようになりますが、最初の鍛えの段階では立たせた方が効果的です。「三人」というのは、前の人の話を二人分くらいは受けられるようにしたいからです。それ以上になると発言が拡散してしまい、教師もコーディネートするのが難しくなります。三人指名を繰り返しているうちに、一年生の終わり頃にはほとんどの子どもが、「さっき発言した○○さんの意見に似ていて……」と、六人くらい前のことも受けられるようになってきます。

この、「○○さんと同じで（違って）」という言い出しの言葉は、発言者のためでもあり、聞き手のためでもあります。聞いている人は、「私は○○さんと同じで」と言われると、発言者の立場を理解しやすく、内容の予測や聞く構えができます。

入門期の三人指名は、いわゆる話形指導の役割も併せもち、さらに今発言している人とかかわって話そうとしたり、考えようとしたりする、思考や態度を育てます。

「たぶん」「つまり」「たとえば」
――思考の抽象度を上げる

一年生の国語の授業では、「同じ」とか「違う」という〈比較〉を学びますが、そこに、「たぶん」という〈推測〉が出てくると、「〝たぶん〟○○ちゃんはいやな思いをしたのではないかな」とか「〝たぶん〟、こうしたらみんなが喜んでくれるな」というように、相手の立場や思いを考えられたり、ちょっと見通しがもてるようになってきたりします。そうすると、授業の中でも「○○ちゃんは、この先、何を言いたいのかわかるかな」とか、「今、言ったことをもう一度言える人？」とか「どこから気が付いたのかな？」と問い返して、推測の思考を耕すことができます。

中学年以降に、思考の表出として、かつクラスの共有財産として定着させたい「かかわり言葉」は、「たぶん」、「つまり」、「たとえば」の三つです。これらの言葉を思考と共に引き出すのにも「三人指名」は、効果を発揮します。

中学年になってくると「考えは同じなんだけれど理由が違って」とか「着目した叙述は同じだけれど、考え方は違っていて」というように、〈比較〉も複雑になってきます。ですから、一度に指名するのは、三人が適当です。

三人指名は、一年生の最初「入門期」は、同じか違うかという〈比較〉、次に「なぜかというと」という〈因果関連〉、最終的には「たぶん」「もしかすると」という〈推論・推測〉の思考を鍛えるのに効果を発揮します。この推論の思考は、訓練をしないとなかなか見られないものです。

私の授業ではよく、発言者の発言を途中で止めさせて「このあと、なんて言おうとしているかわかる？」と聞くことがありますが、それがまさに〈推論・推測〉の思考を鍛えている場面です。「ここを根拠に話をしているから、結論は予想できるはずだ」と思ったときに、発言を止めて注目させます。ぼうっと聞いている子を集中させるために止めることもありますが、メインのねらいは止めることで先を考えさせたり、叙述に立ち返らせたりして、推測の思考を鍛えることです。

ただし、スキル学習としない工夫が必要です。例えば「Aちゃん、ストップ」と話しているのを止めて、「今、Aちゃんがすごくいいこと言いそうだけど、この先言える？」と尋ね、子どもたちが「えっ！なんだろう」「もう一回言って下さい！」と前のめりになるようにし向けます。「ストップ」をかけられ、予想するのは楽しいという経験を重ね、授業の発言や話し合いのなかで日常的に行うことで身に付いていきます。

そのうちに、子どもは教師が「ストップ」をかけなくても、三人指名で、発言者の意見を聞きながら「〇〇ちゃんは、このあと、『たぶん』こういうことを言おうとしているんだな」と自然に考えるようになります。これを繰り返すことで、〈推測〉の思考が鍛えられます。

中学年で鍛えたいもう一つの「かかわり言葉」は、「つまり」です。

読解力や語彙のレベルが高い子は二年生くらいから話し言葉として使ってはいます。け

推論・推測の思考を鍛える

れども、物事を考えたり話し合ったりするときに、みんなが使える言葉とはなっていません。まとめの枕詞として「つまり○○ちゃんは、こういうことを言いたいんだと思います」と個人内でなんとなく使っている程度です。それが中学年になると、バラバラな例示を抽象度を上げてまとめるという、「つまり」の役割が意識されてきます。

みんなで話し合っているときに、挙手しながら「つまり～」と言ってきょろきょろする子が出てきます。そこで「『つまり』ってどういうこと?」と尋ねると、「もうまとめを言っちゃっていいかなぁと思って」とか「みんなはもう言うことない?って確かめたの」などと言います。そこで「『つまり』は、意見をまとめるときに使う言葉なのだ」と、「つまり」の使い方を全体で共有できます。

この言葉が意識的に使えるようになると、思考が鍛えられている表れであり、ものを読むのにも、書くのにも武器となります。

「たとえば」も、二年生後半以降に出てくる言葉です。何かを説明したいときに例を挙げて話すとみんながわかってくれる。そのときに「たとえば～」を使えばいいのだ、と気が付きます。これも大事な武器になります。「たとえば」を使っている子がいたら取り上げて、たくさん褒め、黒板に書いてクラスで共有します。「たとえば」と「つまり」が使えることは、具体と抽象の関係が理解できるようになってきたしるしです。

「たぶん」「つまり」「たとえば」も、黒板の左上に書くだけなので、数日で消されてしまいます。だれかが使うと「ぴったりな言葉を使ったね」と褒めて、再び板書します。自分の言葉が書かれるかと思うと、俄然張り切って頑張って使おうとします。また、使うから定着するわけです。

三人指名での「かかわり言葉」の機能は三つあります。一つ目は発言する人の思考を鍛えるということ。二つ目は聞いている人の思考をアクティブにするということ。そして、三つ目は聞いている人に、聞く構えを持たせやすくするということです。

「今言ったこと、もう一度言ってごらん」
——わかったつもりとわかっていること

発言の後で、発言者以外の子どもたちに「今、発言した○○ちゃんの気持ちがわかる人？」「○○ちゃんが今言ったこと、もう一度言えるかな」「自分の言葉で言い換えてごらん」と働きかけることがあります。これは本当に理解しているかの確かめであり、同時に、語彙指導であります。他の人の言葉で「わかったつもり」になりますが、実際には自分の言葉で言えて初めて「わかった」ことになります。「わかった」というのは、人に説明できる状態のことです。

子どもに限らず、私たちはすぐにわかったつもりになってしまいます。言葉で説明したり、書いて説明したりする場をつくることで、自分はどこまでわかっていて、どこが曖昧なのかを自覚することができます。

　ですから、ここは全員にきちんと理解させたいというところでは、複数の子どもに言わせます。隣の席の子ども同士で言葉に出して説明させることもあります。その後、ノートに書かせます。話すことよりも書くことの方が難しい分、確かに「わかった」こととなります。

　これは、授業だけに限ったことではありません。学級指導でも同様のことが言えます。何か問題が起きて、それをきっかけに指導をしているとき、自分事《ごと》と捉えていない子どもがいます。そういう子が同じ失敗をしてしまいます。他人事《ひとごと》のような顔をしている子どもを指名して、今回学んだことを説明させ、クラスの確かめとすることもあります。

「だって」「でも」——話型指導の弊害

入門期は、保育園や幼稚園での、先生に対してもお友達口調で話す話し方から、公な場では「〜です」「〜だと思います」という言葉を使う、という切り替えが必要です。そのため、話型指導を行います。

でも、話型指導はあくまで「指導」です。それが「話型縛り」になってはいけません。たとえば、まとめを言うときに使うのは、「つまり」でも「結局」でも「まとめると」でもよいのです。適した言い方はいくつもあります。話型指導で示した「つまり」しか使えない子どもにしてはいけません。子どもが特定の言い方にあてはめて表現しようとするのが「話型縛り」の状態です。最初の型が定着したタイミングや、それぞれの発達段階に応じた、「話形剥がし」までが計画されていることが重要です。

例えば、「私は○○ちゃんの意見に反対です」という話形指導にこだわり過ぎると、それを言うことが目的になってしまい、一番肝心な「なんで反対なのか」という理由にまで意識がいかなくなってしまいます。言い方よりも内容が大切です。

低学年では、「私はAちゃんの意見に反対です。理由は……忘れました」というようなこともあります（笑）。それが何回か続くと、何について話し合っていたのかを忘れてしまいます。仕方がないので、最初の発言者にもう一度言ってもらおうとすると、その子ども自分が何を言ったのか忘れている。まるで笑い話です。

そんなとき、「だって」とか「でも」を使って話し始めることで解決できます。「あぁ、Aちゃんの反対意見を言おうとしているんだな」「Aちゃんの問題点を言うのかな」など、周りの子どもたちは、聞く構えができます。

「だって」や「でも」は、文頭に付くのでわかりやすく、会話文に近い「かかわり言葉」です。同じ「だって」という言葉でも、「だって！！」と語気が強ければ「反対」の意味。「だってさ」だったら、同じ立場で理由が言えるという合図としての「かかわり言葉」になります。「かかわり言葉」があることで、そこから先の話を予測して聞けるから、思考を働かせる余裕ができます。

話型がよい具合に剥がれると、「なぜかと言うと」に縛られず、「そのわけは」「なぜなら」「その理由は」など好きに使えるようになっていきます。話型指導にこだわったり、掲示したりすると、他の言い方を制限してしまうことになり、言葉が広がりません。

もしも、紙に書いて掲示したとしても、しばらくしたら外して様子を伺うといいです。掲示していなくても使えるようになっていれば、もう貼り直す必要はありません。まだ定着していないと思ったらもう一度貼って、再度意識付けます。大切なのは貼りっぱなしにしないことです。学んだことの「証拠」としての貼りものではありません。何のために貼っているのか、どう定着させていくのかという教師のねらいと意識が大切です。

これは、他の掲示物についても言えます。学級の目標なども、貼り出すだけで教師の自己満足に終わらないようにしたいものです。

対話の目的

低学年のペア対話

どの学年でもよく対話をさせますが、低学年で隣の席の人と話をさせるのは、次の三つの機能があるからです。一つ目の機能は、話すこと・聞くことの能力差が大きいため、それを利用して、言葉や話し方を獲得させることです。特に一年生は、考えはもっているのに、語彙が少なかったりどう話したらよいかがわからなかったりして、話すことができない子がいます。一方で、まとまった内容を話すことができる子もいます。

入学後しばらくして、それぞれがもつ言葉の力を見極めた後は、話せる子と、あまり話せない子で隣同士にして、二人で話をさせる機会を増やします。

このとき、「『ストップ』と先生が言うまで話し続ける」というルールをきめます。

例えば、「『スイミー』の主人公は誰だと思う?」と発問すると、話すのが得意なA男は「ぼくはスイミーだと思うよ。どうしてかというとね、最初から最後まで出ているから」と話しますが、もう一方のB子は黙ったままです。そのうち「先生、Bちゃんが全然しゃべってくれませーん」となります。

そんなとき、教師は、「Bちゃんは『スイミー』の主人公は誰だと思う?って、Aくんが聞いてごらん」とA男に助け船を出します。そうするとA男は「スイミーだと思う?」「ぼくと同じ?」とあれこれ聞き出そうとします。B子が「うん」とか「ううん」と反応したら、「Aくんがうまく訊けたから、Bちゃんも意見が言えたね」とA男を褒めます。

その上で、B子には「Aくんと同じ意見だと思ったら、Aくんと同じように『スイミーだと思う』って言えばいいんだよ」と教えます。オウム返し作戦です。

これをしばらく繰り返していると、ストップと言うまで話し続けるようになってきて、「ぼくはスイミーだと思うよ。どうしてかというとね……」のように、いやでも、理由まで言うようになります。そうすると、話せなかった子も友だちを真似して、徐々に理由も言うようになってきます。

教師はその様子を見ていて「このペアは、ストップっていうまで話し続けていてえらかったね」とか「どうしてそう思うのか理由まで話していたね」と、理想的な対話のイメージを全体に広げていきます。

低学年のペア対話の二つ目の機能は、「みんなの前で話す練習」です。

自分の考えとその理由を言わせたいのですが、聞き手にわかるように理由まで説明するのは、案外難しいものです。そこで、学級全体の前で話す前に、まずは隣の子と話をさせます。声に出すうちに、考えが整理されていきます。また間違いを指摘し合ったり、よりぴったりな言葉や表現を見つけたりすることができます。一度口に出しておくとみんなの前でも安心して発言できます。

三つ目の機能は、「自分の立場を自覚させる」ことです。低学年は、ノートに書く力がそれほど鍛えられていないので、声に出すことで立場を表明させるのです。そうしないと他の子の発言を聞いて「なるほど、自分と同じ」と言います。でも、反対の意見を聞くとすぐに「自分もそう思っていたよ」と言ってしまうのです。自分のもとの意見がわからなくなることも、しばしばです。（笑）

だから、隣の人に言うことが大切なのです。一度口に出させておくと、自分の意見を認識できます。

このように、低学年のペア対話のねらいは、それぞれの話す・聞く能力を見極め、能力差を縮めるというよりも、それぞれの力を伸ばしていくことにあります。これは、入学直後から始められる指導です。

中学年のペア対話

中学年でも、いきなり手を挙げて発表するのが不安だったり、みんなの前で話すことが苦手だったりする子どももいます。そこで、ペア対話をワンクッション入れてあげると、ほとんどの子がペアではちゃんと意見を言うことができるので、みんなの前で発表できます。

また、いざ全体発表となったときにも、隣の子が「○○ちゃん、手を挙げて言いなよ」と背中を押してくれて、意見を言えます。たとえうまく言えなくても、隣の子が「さっき、こんなことを言ってたよ」とフォローしてくれたり、「いつでも助けるよ」という感じでそばにいてくれたりするだけで、安心して発言できます。いきなり大勢の前で話すのが苦手な子も、隣の子だけが相手であれば劣等感を抱かずにすみます。それがペア対話の効能です。

また、二人組で得られる安心感を、「助け合うクラス」という学級全体の雰囲気につなげていくこともできます。

高学年のペア対話

四年生後半から高学年にかけては、発言に求められる内容も複雑で高度になります。そのため、全体の前で意見することがより難しくなります。と同時に、「みんなと違ったらどうしよう」という自我が芽生える発達段階に入ります。それは発達上、当然の姿です。

高学年は、発問や課題自体が難しくなるので、考えをすぐにまとめて発言したり、ノートに書いたりできるのは、読解力や表現力が高い子に限られてきます。ですから、一度隣の子どもと確認し合うことで、安心し、「違ったらどうしよう」という恐れを軽減させます。さらに、話しながら徐々に表現がこなれていきます。

そのうちに、意見が対立しているペアが現れます。意見が違うことを楽しんでいるペアを見つけたらチャンスです。そんなときは、「二人とも意見が違うの？それは困ったね、みんなに聞いてみたらどうだろう」とクラスに投げかけます。

すると、本当はとなりの子とは違う意見なのに相手に合わせていた子が、「あ、自分だけが違ってたんじゃないんだな」とか「隣の人と違っても発言するといいんだな」と気付きます。一組のペアから始まり、学級全体が盛り上がった経験を重ね、「他の人と違うことはよくない、恥ずかしいこと」という縛りから解かれます。

自分の意見をノートに書き、まとめることも大切ですが、まずは、声に出して話すことで人に伝えるための言葉となり、より洗練されていきます。

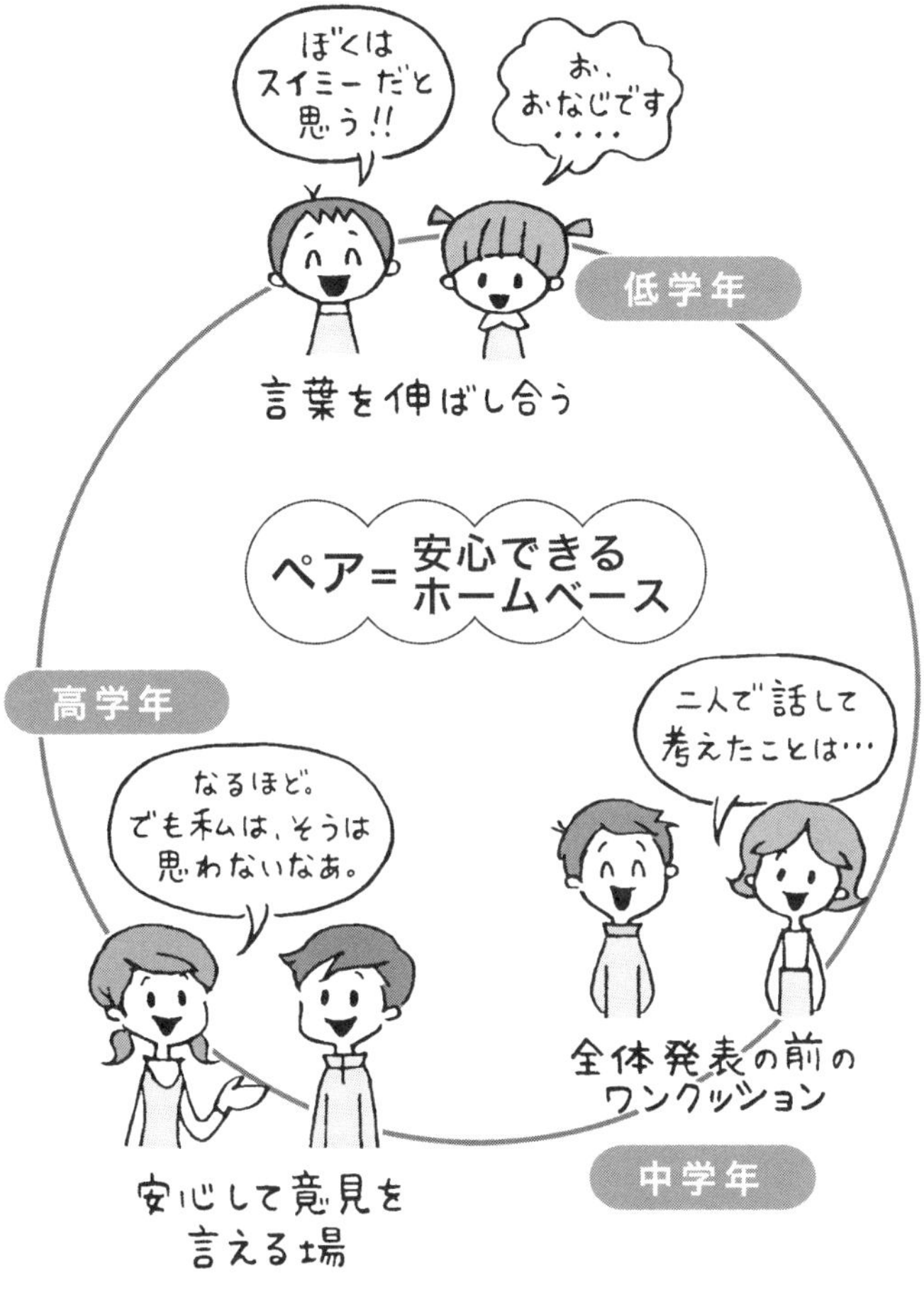
ぼくは
スイミーだと
思う!!
お、
おなじです
・・・・
低学年
言葉を伸ばし合う
ペア＝安心できるホームベース
高学年
なるほど。
でも私は、そうは
思わないなあ。
二人で話して
考えたことは…
全体発表の前の
ワンクッション
中学年
安心して意見を
言える場

ペア対話の機能

このように、対話という形態は同じでも、ねらいや発達段階によって、ペア対話の機能や使い方は変わっていきます。

物事を考えたり取り組んだりすることは、体育で技能を身に付けさせることと似ています。体育では、良いモデルをいくら見ても実際に実技をしなければ上達しません。ですから、どれだけ活動をしたかの延べ時数を重視しますが、考えることや表現することも同じです。一斉学習やグループ学習では、その場にいるだけで自分では何も考えていなかったり、他の人の意見に乗っかっているだけだったりする子がいます。それに対してペア対話は、自分と相手の二人しかいません。相手の意見を聞いたり、自分の意見を考えて話したりと常に頭を働かせることになり、活動の延べ時間を十分確保できます。

さて、子どもの発言が出ないから、教師が困ってペア対話をさせるという指導も時折見かけますが、それはよくありません。焦点化された「考えるべきこと」を子どもたちが共有したうえで、それぞれが考えを言葉にしなければ、互いの接点がないまま、話しても拡散するだけで終わります。何かを生み出すための話し合いでなければ意味をもちません。

学級全体での話し合い――教材や学級の実態に合わせて指導形態を考える

子どもたちの意見が大きく二分する話題では、全員に手を挙げさせて、それぞれの立場を表明させます。そのようなとき、二つの手の挙げ方を使い分けています。一つは、一番だと思う人?、二番だと思う人?、まだわからない（きめられない）人?と順番に聞いていく方法です。もう一つは全員一斉に手を挙げさせて指の本数で自分の意見を表明させる方法です。

どちらかが多数になりそうなとき、少数になることを嫌がる子どもにとっては後者のやり方の方が安心できます。逆に少数派でも、自分の意見を主張できる子がいれば、順番に挙手させる前者の方法が向いています。このように、話題やクラスの状況、子どものタイプによって変えます。

最初と最後の意見が逆転しそうな教材の場合、少数派の子どもを際立たせるためにあえて順番に挙手させることもあります。普段は自信なさげで目立たない子どもが、実は正解である少数派の立場にいたら、「自信をもって言ってごらん」と後押しします。最終的にその子が正解だとわかると「〇〇ちゃん、すごい！」となり、自信をもつきっかけとなります。

第 2 章　子どもと子どもをつなぐ

——自分の言葉で語らせる

学級の三つの約束

入学時、いちばん最初に、私は次の三つの約束を子どもたちとします。

学級の三つの約束（入門期）
・友だちに乱暴しない（力でも、言葉でも人を傷つけない）
・うそをつかない
・ごまかさない

これは当たり前のことですが、意外とできていません。いちばん守らせたい大切なことです。まずはこの三つさえできればいいと思っています。
そしてこの約束は、保護者にも、最初の学級通信で伝えます。
中学年以降の学級開きでは、三つの約束の内容が少し変わります。

学級の三つの掟（中学年以降）
・人を傷つけない（力でも言葉でも）
・うそをつかない（人に対しても、自分に対しても）
・みんなが楽しく過ごせるようにする

一つ目の約束は、「いじめは絶対に許さない」という姿勢を見せるためです。また、子どもは叩いたり、蹴ったりといった「力の暴力」については「暴力」と認識していますが、「言葉の暴力」に対して疎いため、確かめておく必要があります。自分が言われると傷つきやすい反面、人に言うことに関しては大変鈍いのです。

二つ目の約束は、低学年は「うそをつく」というと、人に対してのうそしか理解できません。そこで、自分に対してうそをつかないことを、三つ目の約束として「ごまかさない」としています。中、高学年は、二つに分けて示さなくても理解できます。その分、学級集団の一員として自分ができることを自分の頭で考えて行動に移すことができるよう、少し高い目標を掲げます。「三つの掟」と銘打つと、より一層やる気が出るようです。

保護者への説明責任も果たす「叱り方」「褒め方」

叱り方

私が叱るのは、「学級の三つの約束（掟）」を違えたときです。もちろん、命の危険にかかわることについては厳しく叱ります。叱り方の度合いは内容や場、学年などによって違いますが、安全面のことと、三つの約束を守らないこと、という基準はしっかりともっていて、子どもにも伝えておきます。

だから、同じ忘れ物をしたのでも、忘れ物を自分で言いに来たらそこそこの叱り方ですが、ごまかそうとしたり、嘘をついたら強く叱るというように、叱り方の度合いに違いをつけます。子どもたち自身が、「ごまかしたから」「うそをついたから」とか、叱られた理由がわかって納得できることが大切です。こちらも、「忘れ物をしたこと以上に、うそをついたことがよくなかったね」というように、押さえます。

どのクラスでもよくある光景だと思いますが、「これをやったのは誰ですか？」と子どもたちに尋ねる場面があります。そんなとき、してしまった自覚があるのに、すぐに「自分です」と名乗り出ないのは、「うそをついた。ごまかした」ことになり、何倍も叱られてしまいます。そういうことを、学級として経験していくことが大事です。

学年が上がってからの失敗は、それをごまかそうとすればするほど、窮地に追い込まれます。ですから、小さいうちに痛い目に遭っておくことはいいことです。幼少期に叱られることは大切な体験です。

ちなみに、叱った後の緊迫した空気をなごませる方法とタイミングは、よく考える必要があります。給食前であるとか、下校時であるとか、引きずるとよくないというときは、切り替えられるようフォローします。同じ失敗を繰り返していたり、少し余韻に浸らせたりしたいときなどには、変なフォローやおちゃらけたことはしない方がいいと思います。

一方で、一連の出来事や行動のなかにいいことがあったところは認めます。そして、

「ここでは頑張ったのだよね」とか「いろいろ考えてやったんだよね。でも、今回はちょっと残念な結果になってしまったね。次は頑張ろう」とフォローします。叱る以上に、その後のほぐし方を考えるようにします。

保護者に自分で報告させる

叱られたことを保護者に自分で伝えさせることがあります。子どもにとっていちばんいやなのは、したことを保護者に自分で報告することです。だから、それがいちばんのお仕置きとなります。

低学年は、叱られた原因の根っこがわからない子もいます。

子どもは、悪かったことの軽重を意外と理解していません。だから私は、何が悪かったのか確かめるようにしています。「今日何を叱られたのかな」と尋ねると、「遊び場のきまりを守れなかった」で終わってしまい、もっとも叱った「正直に言えず、ごまかしたこと」が抜けることがしばしばあります。そのようなときには、何が悪かったのか復唱させ、保護者に報告させます。「二つのことを、ちゃんとお家の人に伝えなさい。そしてお家の方から、何を聞いたかを連絡帳に書いてもらってきてください」と言います。保護者には事前に保護者会などで、次のように伝えておきます。「お子さんを指導したとき、何を注意されたのか、お家の方に話すように伝えることがあります。そのようなときは、お手数ですがお子さんから聞いたことを連絡帳にメモして知らせてください。同じ失敗を重ねないために、指導したことが理解できているかを確かめるためのものです。ですから、お家の方からの謝りなどは全く不要です」保護者との連係プレイで子どもを育てる宣言をしておくと、皆さんメモを取って下さいます。翌日、連絡帳を見たときに、きちんと伝わっていれば大丈夫です。でも、「遊び場のきまりを守れずにすみません」しか書かれていなければ、何がいけなかったのかを本人がまだ理解できていないことがわかります。

このとき、まずは「正直にお家の方に言えてえらかったね」と褒めます。その上で「はじめは正直に言えなかったことが書いてないけれど、それは言えたのかな?」と聞きます。「忘れた」ということであれば、「もう一回言いなさい」とチャンスをあげます。「言った」ということであれば、保護者と連絡を取るなり、次の手を考えます。子どもを追いつめないように配慮しつつ、善悪の判断やよくないことの軽重を学ばせるのです。

連絡帳
何がいけなかったのか、お家の方に話しなさい。
タッチ
今日、先生に叱られたんだ。理由はね・・・・。
学校
自宅
失敗を自覚する

強力タッグで育てる

子どもの性格や失敗の内容によっては、うちの人になかなか言いづらいこともあります。そのような場合は、子どもが学校にいる間に保護者に連絡をして、「実はこういうことがありました。お家の方に本人の口から報告させることが大事なので、話をしやすい雰囲気をつくってください」とお願いすることもあります。何日かかけて、やっと言えることもあります。でも、そういう大変さを経験した子どもは同じ失敗はしません。身をもってこりることが、子どもを成長させます。「失敗は成功の母」とはよく言ったものです。だから、失敗をムダに繰り返させてはいけないといつも思っています。

褒める

一週間の初めや終わりに、近頃Aちゃんを褒めていないないなとか、みんなの前でBちゃんが注目されるような声をかけていないないなとか、振り返るようにしています。そうすると、ささいなことでも、何か褒めるところはないかと、その子を見るようになります。

いい意味でも悪い意味でも目立つことなく淡々としている子どもは、集団の中で埋もれがちです。ですから、埋もれさせている子はいないか、常に気にしています。

五時間目のはじめ、「今日、Ｃちゃんは給食当番ではないのに、給食台をふくのを手伝っていたね。素敵だなぁと思いました」とクラスみんなの前で褒めます。終礼や翌日の朝の会で褒めることもあります。「廊下に落ちていたゴミを拾っていた」とか、「友達をさりげなく、優しい言葉で注意していた」など、ささいなことでいいのです。これみよがしな行動は褒めません。「褒める時間」のようにコーナー化してはダメです。結局、形骸化してしまいます。ふっと褒めるから、その子が注目されるのです。見つけたときに、タイムリーに褒めるのが原則ですが、最近叱ることが続いているなぁと思ったときには、翌日の朝に褒めます。朝からクラス全体が明るくなり、やる気がでます。

そうして褒めたときには、次の日に「きのう、褒められたことをおうちの人に言った？」と尋ねるようにしています。中学年ぐらいまでは、ささいなことでも褒められたことは、お家の人に話すものです。ところが、集団の中で目立たない埋もれがちな子は、家で学校のことを話さないのです。保護者に聞かれても「別に」「覚えてない」「普通」くらいしか答えていないことも。だから、「今日、おうちの人に『褒められた』って言ってね。先生からの特別な宿題だよ」と声かけしておきます。

褒められたことは本人も言いやすいし、保護者も、「うちの子、そんないいところがあるのね」と嬉しくなるし安心します。

家庭との連携は大事ですが、学校から連絡が来るのは子どもがよくないことをしたときだけというのは、よくありません。保護者が連携しやすいように、日頃からいいことのフィードバックも、それもなるべく子どもの口を通して伝わるように心がけています。

それでも、低学年は褒められたら家に帰って保護者に伝えますが、学年が上がるにしたがって、なかなか言わなくなります。保護者との面談で、「こういうところがよかったとほかの先生にも大変褒められましたが、家でお話ししましたか？」と聞くと、報告していないことが増えます。そういう子ほど「今日、面談ですごく褒められたと、お子さんを褒めてくださいね」とお願いしています。

連絡帳を使うときもあります。文字として残るのでマイナスのことはあまり連絡帳で伝えたくはないのですが、褒められたことが文字で残っているのは、子どももそのページを見るたびに嬉しいでしょうし、自分の口では言えなくても、「先生が見せろと言ったからさ（照）」と伝えます。書くと言っても、日中は忙しくてあまり詳細には書けないので、

「今日、何時間目にとてもいいことをしたので」とか、「○○さんに対していいことをしたので、すごく褒めました」とか、そのぐらいでいいのです。「中身は本人に聞いてください」としておけば、「褒められたと言っても、大したことないんだよ」なんて、家庭での会話の糸口にもなります。そんなに大きなことでなくても褒められるのは、保護者も嬉しいし、本人も嬉しい。五年生や六年生の男子が「今日さ、先生に褒められてさ」なんて、自分からは絶対に言わないけれども、「褒められたことを報告しろって言われたから、渋々なんだけどね」と体面も保てる（笑）。

反対に、何かやらかしてしまったときにも、褒められた後だと指導も入りやすい。学校でも同様です。褒められていないと、直してほしいこと、改善してほしいことがあっても、子どもの心に入りません。「褒める」と「叱る」は両輪です。いいところも見ているよ、というのが伝わっているからこそ、指導も入りやすくなります。

「『どうして？』って聞いてみた？」

――理由を問わせる

低学年のトラブル

低学年では「どうしてかというと」や「なぜかというと」、「理由は」などの言葉でつないで理由を言わせることを大切にしています。なぜなら、低学年、特に入門期は、言葉が足りないことによってのトラブルがとても多いからです。

低学年のトラブルはそのほとんどが、「Aちゃんが、ぶってきた」や、「いやなことをされた」というものです。申告してきたBちゃんに「どうしてAちゃんはぶってきたの？」と尋ねると「わかんない」と言うのです。

そんなときは、当事者を二人とも呼んでAちゃんに本当にたたいたのかを尋ねます。するとあっさり認めるので、Bちゃんには「理由を聞いた？」と言うと「聞いていません」。「『何でそういうことするの？』とか『どうしてぶつの？』って聞いてごらん」と話し、当然その会話はAちゃんも聞いているのですが、Bちゃんの口から質問させます。Aちゃんを促すと「だって、今日は『一緒に帰らない』って言ったから」と言うのです。Bちゃんもそれを認めます。

それでまた、「一緒に帰れない理由をBちゃんに聞いた？」とAちゃんに尋ねると、「聞いていない」と。理由も聞かずに、頭にきたからたたいたと言うんです。「何かわけがあるのかもしれないよ。『どうして帰れないの？』って聞いてみたら」とアドバイスをして、そこでようやく「どうして帰れないの？」。本当に、最初のうちは腹話術状態です（笑）。それだけ、言い方、聞き方を知らないんですね。

Bちゃんが「今日は帰りにお母さんと待ち合わせしていて、帰る方向がいつもと違うから、一緒に帰れない」と理由を話して「なんだ、そうだったんだ…。」と納得する。「でも、たたいちゃったんでしょう。どうする？」と言うと、「たたいてごめんね」。ようやくそこまでたどりつきます。

こういうやりとりが必要なのは、幼稚園や保育園の頃に意外と自分でコミュニケーションをとっていないからだと思います。子ども同士が今のような話をする前に、保護者同士で「今日一緒に帰る?」「うち、だめなのよ」と、子どもの頭の上で話が済んでしまっているのです。そのことが、子ども同士で、言葉を足し合いながらやりとりする機会を奪ってしまっています。大人が介入したとしても、補足的に入ることが大切で、最後まで子どもたちに話をさせることが大切なのです。

ですから、トラブルがあったとき、「どうしてそういうことをしたの?」と、私が直接理由を尋ねないように気を付けます。尋ねるのは子ども自身です。このように、相手に言葉で伝えるのが大事なことを繰り返し教えます。話し合いの途中で大人の判断を言わないことも心がけています。

入門期はこれがとても大切です。学級全体で共有しても問題のないトラブルであれば随

子どもに尋ねさせる ○

教師が直接聞いてしまう ×

時取り上げて指導します。「Aちゃん、さっきは『ごめんね』って謝ってて、偉かったね」と言って取り上げ、「Aちゃんが、たたいちゃったんだって。でもAちゃんだけが悪かったのかなぁ」と、二人をモデルとして、何をどのように伝えたらよいのかをみんなに学ばせます。

「自分だったら、今日は一緒に帰らないと言われたらどうする?」や「『帰ろう』と誘ったのに『今日、だめ』って言われたら?」と問うと、「だめというのはきつい言い方だよ」なんて、冷静に考えられるんですね。当事者ではないから(笑)。

そうして、「もしもわからなかったら『何で?』って聞けばいいんだね。きっと何かわけがあるんだね」とか、「はじめからわけが言えたらもっとよかったね」と、コミュニケーションの仕方を具体的な言葉を考えさせながら教えていく。断らなければならないときの断り言葉や、断られたときの次に返す言葉をもっているかどうかで、子ども同士のかかわり方がまったく違ってきます。

共同体で育つ

一年生の四、五月ぐらいは互いの関係性も育っていないし、方法がわからないので、かかわり方を先程のように繰り返し教えます。六月以降は、失敗したときにどうすればよかったのかやり方がわかってできる子と、わかってはいるけれどできない子と、まだどうしたらいいかが全くわかっていない子と差が出ます。一年生は特に差が大きいですね。

それは、失敗に対する免疫力の違いにもよります。ちょっとした失敗、たとえば教科書を忘れただけでも固まってしまう子から、ケセラセラでまったく気にしない子もいる。失敗に強いタイプと弱いタイプの差が大きいです。

弱いタイプの子はどうしていいかわからなくなり、焦ってさらに失敗の上塗りをしてしまいます。まずは落ち着かせ、「どうしたらよかったのかな」と本人に考えさせ、わからなかったら周りに手伝ってもらってもよいと伝えます。同時に、周りの子どもにも、「お助けしてあげよう」と言います。私と子どもの一対一ではなく、私とクラスの子どもたちの一対多の関係を築き、共同体として助け合うように仕向けます。困ったとき、私はいくらでも手伝うけれど、君たちだけでできることや助け合えるところは協力すればよいことを伝えます。

何でも「どうしたらいいですか」と私に頼るのではなく、「どうしたらいいだろう」と周りに相談したり、逆に周りの子が「あ、困ってそうだ」と気付いてあげたりして欲しいのです。

時折、「C君がこんなことをしていました」と、言い付けに来る子がいます。そういうときには（危険があるときはもちろんすぐに介入しますが）、「あなたはどうしたのかな？」「あなたに何かできることはないかな？」と、聞くようにしています。「注意してもやめてくれない」とか「どうにも打つ手がない」というときは、「ほかの人に手伝ってもらったの？」と尋ねます。「みんなも注意したけど（どうにもならなかった）……」となってから介入します。その手順をふまずに言い付けにだけ来ると逆に叱られます。また、「このままだと先生がC君を叱ることになるけれど、今、あなたが注意してやめさせたらC君は叱られないと思うなぁ」と言うと、「わかった」とC君のところにすっ飛んで行きます（笑）。

一方で、仲間のために手立てを尽くしても解決せず、最終手段で私に助けを求めにきた子が「あいつは言い付け魔だ」と言われてしまうのは避けなければなりません。そこで、問題となったＣ君に何をしたかを尋ねた上で、「君にだれも注意してくれなかったんだ」と言います。「△△ちゃんたちが注意してくれた」と答えたら、「注意してくれた仲間がいたのに耳を貸さなかった」ことに対して叱ります。もととなった失敗の内容にもよりますが、仲間の意見を無視したことをより叱るようにします。友達を注意するのは難しく、とても労力が要ることです。それをしてくれた仲間の言葉を聞かないのはよくないと、雷を落とします。

言葉を丸くする

今の子どもたちは、言葉が短く、きつくなっていると感じます。「後でね」とか「今度またね」でもなく、「いいよ」とか「だめ」とか一語文で完結。これは、もっている語彙が少ないからだと思います。「むかつく」「うざい」「きもい」といった言葉を、けんかのときはもちろん、そうでないときにも気やすく言います。短い言葉だからサラッと言う。でも、今の子どもたちは、言われることには、めっぽう打たれ弱い。だから、自分が言ったことは記憶に残っていなくて、「もしかしたら言ったかも」程度。けれど、人にされたことに対してはものすごく敏感で、そのバランスが悪い。さらに、言われたときに返す言葉がまたきついんですね。「だめ！」とか「やめろよ！」と、語気も強い。

「～するのはやめて」とか「もっとこうにしてくれたらいいのに」のような言い方ができる子はトラブルも少なく、困ったことがあっても周りの子に支えてもらえます。反対に、普段から強い口調の子は、その子が少しでも失敗すると、まわりの子は、いつもされているのと同じように、トゲのある言葉を返してしまいます。そういう子に限って言われることに対してはすごく弱いから、泣いてしまうことがあり、周りの子はうんざりしてしまう。

負のスパイラルですね。手が出てしまう子は、概して語彙が少ない。普段は普通にしゃべっているように見えて、思いを言葉にできず、短くて強い言葉だけが出る。それが通じないとなると、あとはバーンと手が出ることに。相手に通じる言葉、相手が素直に受け入れられるような言葉をもっていないのです。

だからこそ、教師は地道に言葉を与えていく必要があります。一年生の最初は「なんで、そういうことするんだよ！」とか「やめて！」とかではなく「○○ちゃん、それは後にしようよ」とか、「〜するのはやめてくれる？（冷静に）」などの言葉を具体的に教えます。はじめはオウム返しでいいんです。こちらから、言葉を与えてしまいます。

二年生は、一年生が入学してくるのでブラッシュアップのチャンスです。「『やめて（強い語気で）』なんて言ったら、一年生はびっくりしてしまうかもしれないね」と言うと「優しい言い方をしよう」と考えるようになります。

大人はつい、「どう言ったらいいかなんて、もうわかっているだろう」と思いがちです。けれども、こちらが思っているほど言い方を知りません。「一年生が相手でも、その言い方で大丈夫？」と投げかけるだけで「そんな言い方をしたら一年生は泣いちゃうよ」とか「こう言ったらどうかな」と考えるようになります。これは三年生以上も同様です。新学期は、語彙を増やす絶好の機会です。

「困ったね」――我慢する経験

年々、子どもたちの「我慢する力」が、弱くなっていると感じています。世の中が便利になり、日常生活で我慢する場面はほとんどありません。少子化で、きょうだいのために我慢することもない。我慢する経験が少なくなっているのですね。でも学校に来たら、急に「我慢」が必要になるシチュエーションが増えます。幼稚園や保育園では、先生が一対一対応してくれたのに、小学校に入った途端、自分の思うようにならないことの連続です。

我慢する経験値が少ないから、苦手なものに対して弱い。極力避けようとします。苦手だけれどもちょっと我慢しよう、我慢してトライしてみようとか思わず、「苦手だもん」で逃げてしまう。だから、いかに我慢する忍耐力を付けるか、この十年ぐらいは特に意識して取り組むようになりました。

子どもがちょっと困難な状況に陥っていて、助けを求めにきたとき、あえて最初からヒントを与えたりせずに、「困ったね」と一緒に困ったふりをします。先生がヒントをくれるのではないか、先生が何かしてくれるのではないかと、目で訴えている子も『困ったね』を言ってるだけではどうにもならない。先生に言っても無駄だ」とあきらめます。我慢せざるを得ません。でも、しばらくすると、「どうしたらいいだろう」と、打開するための知恵を絞ったり、周りに協力を求めたりと、次の手段を見つけようと動き始めます。

大人に与えてもらえなければ「仕方ない」と諦めてしまったり、「もうできない」「わかんないいんだもーん」と投げ出したり、ただひたすらに我慢したりしがちな子どもたちに、自分たちでやり方を考えたら何とかなると気付いて欲しいのです。

そんなときは、投げ出さずに頑張っている子を探します。「○○さん、すごい、いろいろ考えているね」「諦めずにあれこれ試しているね」と褒めます。何か改善したいことがあるときや、頑張らせたいときに、努力し続けている子を褒めるというのは常套手段ですね。こういうとき、できない子を責めると、雰囲気が悪くなってモチベーションが下がるだけですから。

面白いことに、執念深く諦めずに取り組み続けるのは、いつも「いい子」と思われている子よりは、結構やんちゃな子のほうが多いのです。いわゆる「いい子」というのは、いろいろな教科や場面で褒められます。でも、想定外の困ったことが起きたときに、意外と打たれ弱いところがあります。普段目立たない子や、いつも叱られているような子が頑張っているときは、ことさら褒めますね。みんないいところがあるのだなと実感するように。

「あなたは、どうしたい？」
――ギャングエイジの対処法

ギャングエイジは、とにかく「何々しなさい」が嫌な時期です。大体二年生の後半ぐらいから始まり、三年生で全盛期を迎えます。家と学校の両方で出る場合と、学校ではおとなしい子が家では激しく反発している場合など、個人差が大きいようです。

学校では、集団になって先生に対して反抗することもあるわけです。先生や大人が「何々しなさい」と言ったら、言われたことを理解する前に、とりあえず口から「嫌だ」と出る。自分で何でもできるぐらいに思っているところへ、あれこれ言われるのは子ども扱いされているようで最も嫌います。ですから、ポイントは少し大人扱いすることです。

条件や状況を一緒に確認して、「どうしたい？」とか、「どういう方法がある？」とか、「どちらにする？」などと疑問形で話をすることが大切です。

最終的には、選択肢を子どもが考えられるようにしたいので、そのように仕向けることが大切です。

高学年になると、卒業生を送る会など、学校行事の準備なども担います。そんなとき、先生が「今日の学級会で花飾りを作りますよ」と決めてはいないでしょうか。私はまず、子どもたちに卒業生のために花飾りを作るという目的と仕事（作業）内容、分量、仕上げなければならない期限を伝えます。その上で、作業に使える時間の候補を挙げていきます。すると、子どもたちから、「明日は雨の予報で外で遊べそうにないから、明日の朝の外遊びの時間に作業をしよう」「その時間に終わらなかったら、翌日の学級の時間ももらえますか」と、候補の中から選んで計画を立てたり、調整したりする姿が見られます。「今日は外で遊ぶ」ということも含めて、選択するのです。これは、段取り力や見通し力を育むことにつながります。

保護者会でも、家庭での例を挙げてアナウンスします。「今日、宿題あるの？」と尋ねると「あるよ」か「ないよ」しか答えの選択肢がありません。そうなると「あるのだったらしなさい」という流れしかなく、子どもはもう返事もしたくない。でも、例えば、「宿題が終わる時間に合わせて夕食の準備をしたいから、どのぐらいあるのか教えて」と聞いたら、子どもは「夕食の時間」に合わせると言われただけです。別に「やりなさい」とは言われていません。それで、「今日は算数のプリントが一枚と国語の音読が……」とつい答えてしまいます。「じゃあ、すぐやれば」という言葉は飲み込んで、「どのぐらいで終わりそう？」とか「今日、見たいテレビ番組があるの？」と聞きます。

要するに、自分で時間をコントロールさせるのです。「あなたが決めた時刻に合わせてご飯つくるわよ」と言うと、観たい番組から逆算して、自分で、宿題を終える時間を決める。自分で決めて口に出したのだから、その後は、「何時までって言ってたよね」とか、「どういう予定だった？」と確かめるだけです。「やりなさい」ではなく「自分が言ったよね」で済みます。

学校でも同じです。

「こういう予定になっています」と確かめてから、「こんな選択肢があるけれど、どうする？」や、「どういう予定でやっていく？」と質問型で進めます。できるだけ選択肢にして、彼らに考えさせたり、決めさせたりすることが大切です。

多少の予想や見通し、あるいは別の可能性なども提示します。「それで構わないけれど、別の方法もあるよ」とか、「そのやり方には、こういういい点があるね。でも、この部分はちょっと大変だよ。本当にいいの？」と整理してあげます。そこで、変えることもあるでしょう。でも、あえてそれを選んだなら「じゃあ、頑張ろうね」と励まします。

想定以上に時間がかかったり、結局最後までできなかったりしても、それに対して、子どもたちは文句を言えません。自分たちで決めたことですから。教師は「最初から大変だとわかっていたのに、ここまでよく頑張ったね」と認めつつ、「この後はどうする？」「あと少し時間をあげようか」と、次の道筋を示すようにします。「これではうまくいかないな」と思うことも、子どもたちに決めさせたのであれば、助言をするなど、子どもの後押しをします。「ほら、やっぱり。失敗したでしょう」などと言ってはいけません。「最初からわかっていたなら、もっと強く反対してよ」と、反発心が生まれるだけです。

子どもたちがそれを選ぶように仕向けていきつつも、子どもたちが決めたことを評価し、修正の仕方も学ばせます。

学年が上がるにつれて、選択していかなければいけない場面がどんどん増えていきます。三年生位から、選ぶための条件整理をしてあげつつ、はじめは狭い範囲から選ぶ訓練をさせる必要があります。そのことを、保護者会でもアナウンスします。

とくに、三年生から四年生は何でも自分でやりたがる時期です。けれども、できる能力を越えて壮大な計画を立てがちです。そこを「できないわよ」と言わずに、彼らができる範囲に収めたり、具体的な手立てをいくつか示したり、子どもたちの手に負える範囲内に収まるような提案をします。

はじめから、「そんなのは無理」と拒否せずに、彼らのやりたいことは「うん、そうか」とできるだけ受け止める。無理であれば、その理由を説明する。理由なしの「ダメ」が続くと、「何を言ってもムダだ」と、子どもは徐々に自分の考えを言わなくなり、ただ反抗、反発するようになります。

三年生後半から四年生となると理由に対しすぐには納得せず、「だったらこうすればいいじゃん」とツッコんできます。そんなときは、「なるほどね」とまずは子どもの考えを聞き、子どもが考えたようなことをなぜ自分は選択肢に入れなかったのか、説明し忘れていることはないか、大人の都合を押しつけているだけではないかなど振り返ってみます。その上で、もう一度提案し直すこともあります。

自主性を尊重することで、彼らを対等な存在として扱っているということを示します。とはいえ、さまざまな都合で一つの方法しかやりようがないこともあります。そのような場合には、子どもに意見を求めたりせず、さらっと報告や伝達にとどめます。選択肢があるように思わせてはいけません。

「優劣の構図」をつくらせない

子どもたちの中で「一目おかれる」存在は、運動が得意な子ども、力が強い子ども、勉強がよくできる子ども、おもしろい子どもなど、目立つタイプが多いように思われます。一方、欠席した子の給食当番を黙って代行してあげる子どもや、いつも配り物を率先して配る子どもなど、目立たないところでよさを発揮している子どもはなかなか評価されにくいものです。特に自分のことで精一杯の低学年は、周りの人の動きに関心が薄く、友達の地味なよさにはなかなか気付きません。

ある時、私の代わりに給食指導に入った先生が、A君の給食台の拭き方を褒めてくれました。次の日、クラスの子どもたちが口々に、「A君は給食台の拭き方が上手なんだよ。

高学年よりも上手だって、T先生に褒められたんだよ」と報告してくれました。エネルギーをもてあまして、日々、私に叱られることの多かったA君は、みんなに認められてうれしそうでした。私も、彼を叱るスパイラルから抜け出したいと思っていたところでしたので、T先生の一言を有難く思いました。それ以降、その子は給食当番のときには台拭きの役を学年末までだれにも譲らず、やり続けました。

算数はよくできるけれど走るのは苦手、困っている友達をいち早く見つけて手をさしのべるけれど自分の取組はいつも雑であるなど、人間だれしもいいところもあれば足りないところもあります。その中で、子どもは目立つところにだけ注目し、「あの子はできる」「あの子は劣っている」と評価します。そこに「自分よりも」という見方が加わると、自分よりも劣っていると判断した子どもに対して優位に立ち、ときに強く当たるようになります。

限られた観点で優劣をつけることが、いわゆる「教室カースト」を生みます。そのような芽は、できるだけ早いうちに摘むことです。それには「一目おかれる」要素は多様にあることを教えていくことが、最良の策です。「地味で目立たない」と思われている子どものよさを見つけ、みんなの前で評価するのです。「この子のよいところを仲間に認めさせたい」ときめて、休み時間も観察します。いろいろな先生方にもリサーチすると、「B先生も言ってたんだけど……」と他の先生の名前を出して褒めることができます。担任以外の先生からも認められたとなると、クラスの子どもたちのその子への見方が変化します。

それでも、次のような場面が見られたら、要注意です。腕力も学力もふつうの子どもが、たいした理由もなく目立たない子どもを攻撃（口撃）するような場合です。あるいは、多くの子どもが、目立たない子どもに対して見下すような言動をとったり、それを周りの子どもたちも黙認しているような場合です。もしもそのような兆候が見られたら、その原因を探ります。と同時に、「仲間を見下したり、弱者に手を出したりすることは許さない。それを周りの人が止めないことも許さない」ことをきっぱり宣言します。人として、それだけは許さないということはぶれずに示し続けます。

低学年で身体が大きく腕力が強くやりたい放題にしていた子どもは、中学年あたりで逆転されることが往々にしてあります。それまで弱い立場にいた子どもの方が身体が大きくなり、反撃に出るのです。そのようにならないためにも、子どもの中に強者と弱者、上下関係、優劣の構図をつくらせないことが大切です。

「ダメなものはダメ」――子どもと教師の距離感

子どもたちに、人間として対等な存在であるというスタンスで接することは大切です。ただし、人間としては対等だけれど、友達ではない、という距離感も必要です。それは、大人として、「ダメなものはダメ」という姿勢を示さなければならないときがあるからです。

「君たちの冒険したい気持ちはわかるけれど、安全面に問題があるので無理」とか「その企画はそのままでは予算上、難しい」というように、気持ちは理解するけれど同意ができないときはできないことを、きちんと伝えます。そこは大人として一線を引く。

普段はお友達風に見えていても、怒らせたら怖いとか、こういう雰囲気になったときはまずいと感じさせる境界線を保つことは大事ですね。

子どもが「この前言ったことと違うよ」と、反発するときがあります。それは理由をきちんと説明できていないからです。子どもにわかる言葉で、子どもが納得できる理由を伝えないといけません。

本当は先生にも理由があるのに、その説明を端折ったために信頼関係が揺らいでしまうのです。子どもには同じ状況に見えているから、「そのときによって先生は言うことが違う」とか、「前はいいいって言ったのに、今回はだめなんだって」とか「あの子が聞くといいと言って、この子にはだめと言う」とか、どんどんこじれてしまいます。

短く、子どもにわかるように説明をすることが大切です。長くなると途中から子どもたち話を聞いていませんから（笑）。

「ちょっとお手伝い、お願いできる？」
――悩みの聞き出し方

人間関係の芽生え

学年が上がるに従って、自我が芽生えてきます。そのため、今までは「みんな仲良し」と思っていたのが、「あの子とは合わないな」というような、複雑な対人感情が出てきます。

低学年では「○○ちゃん、嫌い」と本人に言うことがあります。三年生くらいになると、「ねえ、○○さんのこと、どう思う？　私は嫌い」「あなたも？」と友達を巻き込み、それがクラスの中の人間関係の形成に影響を与えるようになります。

この様子は、早ければ二年生後半くらいから見られるようになりますから、早く察知し、芽を摘んでおきましょう。

低学年は、ストレートに指導しても大丈夫。でも、三、四年生になると、先生が知っているのは誰かが告げ口したのではないかと、告げ口の犯人探しになってしまい、全体像が見えにくくなることがあります。本人に聞いても、保護者も、なかなか本当のことは言ってくれません。

そこで子どもにリサーチしていきます。まずは、全体の様子を見ます。そのなかで、力の弱い子ややられていそうな子、おそらく当事者で話を聞く必要のある子、直接関係してはいませんが、よく見ていて公正にジャッジできそうな子などを見極めます。

あらたまった形で子どもを呼び出すと、警戒して話を聞き出しにくいことがあります。そこで、話を聞きたい子に、お手伝いをお願いします。「ちょっと先生のお手伝い、お願いできる？」と言うと、子どもはお手伝いが大好きなので、ひょこひょこと付いてきます。最初は「この荷物、運んで」などお仕事だけを頼みます。核心の話はしません。

そうやって、「もう時間だから、また次の休み時間にお願いできる？」「明日もこれ手伝ってくれる?」と二〜三回に分けて手伝いをさせます。子どもの警戒心がなくなったところで、手伝いをしながら、「最近、○○さんとうまくいってないんじゃないの?」「なんか浮かない顔しているけど、どうかしたの?」と尋ねると、案外すんなりと「うん、実はこんなことがあってね」と話し始めます。

いかにも「聞き取り調査をします」では、先生に呼ばれた瞬間に、言いつけると思われているのではないかと、もうその気配だけで本当のことは言いません。でもお手伝いだと、本人だけでなく周りも「なんかお手伝いしてるんだな」ぐらいで牽制されません。

こちらがはっきり把握していたり、クラスの子どもたちがみんなそのことを知っていたりする場合は、会議室に呼んで話をします。

逆に、子どもから、「教室で話してもいいよ」と言ってくることがあります。それは、そのことを先生も知ってるよ、先生に相談しているよということをあえて周りに知っておいてほしいときや、先方を牽制したいときなどです。

いずれにしろ、本人の意志を尊重するようにします。

お手伝い
お願い
できるかな?
ヒソ
ヒソ
ヒソ
ヒソ
ヒソ

お手伝い 1回目
2回目
3回目
最近
元気ないね…
実は…

「傍観者にはならない」という学級ルール

「牽制したい」くらいのときは、両者の関係がまだ拮抗した状態です。この時期に黙認したり、手を打たなかったりすると、深刻化します。直接はかかわっていないその他大勢の子どもたちが、弱い立場の方に付かなくなってしまいます。

この時期に周りを育てることがとても重要です。周りで気付いている子どもが、強い側に付いたら大変です。周りが抑止力とならないとエスカレートさせてしまいます。自分は関係ないと傍観しているだけの人たちも強い側に加わっていることを自覚させます。

「一人でも困っている人がいたり、悲しい思いをしていたら、先生は絶対そちらを守るよ」とはっきり伝えておきます。その他大勢と一緒になって強い側に付くことは、ないということです。

そうすると、冷静で中立的な立場の子どもたちが「○○ちゃんがやさしく注意してたよ」「みんなで止めたんだけど、うまくいかなかった」と、自分たちで行動を起こしてから訴えるようになります。

いい子ちゃんを一人で頑張らせてしまうと、今度はその子がターゲットになってしまいます。そのような経験をさせてしまうと、弱い側に立つと次は自分がやられるのではないかと、自らの信念で行動することができなくなってしまいます。だから、まずはみんなで抵抗してみる。一人、二人がだれかをいじめているのを、その他大勢が黙認したり、「わたしは何もしていないし」と言う子には、いじめたのも同然だとお説教します。

学級で起きていることは、クラス全員の問題として対応する、傍観者にはならないという不文律の学級ルールは、問題が起きているかどうかにかかわらず、普段から浸透させておきます。例えば、ボールを使ってはいけない場所でボール遊びをした子どもがいたために、クラス全体がボール禁止になってしまったことがありました。「誰か止める人はいたのか」尋ね、「知っていたのに注意しなかった」のであれば、傍観者を叱ります。もちろんきまりを破った子が一番悪いけれども、仲間なら止めるべきだし、その子は悪いと思っていないかもしれない。それを傍観したのは仲間として、ルール違反した人と同じぐらいよくないということです。こうして、よくないことも注意し合える学級としての仲間意識を育んでいきます。

話は変わりますが、友達を傷つけた側の子どもが、「自分は〇〇さんに意地悪したかどうかわからない」と言うことがあります。そこにうそやごまかしを見つけたときには厳しく対処します。「人を傷つけない」「うそをつかない」「ごまかさない」、基本の約束を破ったことになりますから。

この三つの約束は、学級の約束であると同時に、社会で生きていくためのルールでもあるため、折に触れ、確かめます。

日常の中でこそ判断力が育つ

自分のクラスで起きていることに対して「傍観者でいることは許さない」と指導するのには、二つの意味があります。一つは人とかかわろうとする姿勢を身に付けるためです。二つ目は判断力を養うためです。トラブルは判断力を養う絶好のチャンスです。いま何が起きているのか、どうしてこのような事態となったのか、そもそもどちらかだけが悪いのだろうか、いずれも判断力を必要とします。判断する材料を見定め、公正にジャッジするには、周りをよく見る力と、考える力を駆使しなければなりません。それこそ、今求められている思考力・判断力・表現力です。それらを鍛える機会は、学級での生活の中にたくさんあります。授業の中で培う判断力は、学習としての狭い判断力です。生活の中で必要とされる、生きていくための判断力はもっと大きいものです。そのような判断力を、学級の中で鍛えるのです。

同じような状況でも、発達段階によって、判断が変わっていきます。泣いてしまった友達への評価は、そのわかりやすい例でしょう。一年生は、ワッと泣きだした子がいると、泣いている子がかわいそうとなります。いわば、泣いた子勝ちみたいなところがあります。けれども、二年生ぐらいになると、それだけでは済みません。「自分が本当は悪いのに、困ると最後は泣いてごまかしてずるいよね」と考えるようにもなります。

でも、すぐに泣いてしまう子は幼いため、本人だけがそのことに気付いていません。ずるいと言われ、悲しくなってさらに泣く。また、思っていることをうまく伝えられないことが悲しく、もっと涙が出る。だから、本人としては、うそ泣きをしているわけではありません。

少し落ち着いてから、二人だけで話をします。ゆっくり時間をかけて、子どもに考えを言わせます。「自分の方が先に悪いことをしてしまった」と気付いたところで、「あなたが泣いてしまったら、相手が悪いみたいでしょう。周りの人は、泣いたあなたのことをずるいと思っちゃうよ。」と伝えます。

それからはウルウルしても、ここで泣いてはいけないと、グッと我慢するようになっていきます。

どんな指導でも同じですが、一回でクリアできるはずなどありません。繰り返し指導が必要で、その都度同じような話し合いをします。ときには、「前にもあったでしょ」と言いたくなることもありますが、反発の種となるので話の切り出し方には気を付けます。それでもさすがに三回目ぐらいになると、「この話は、初めてではないよね」と投げかけます。本人が「前も○○ちゃんのときに……」と、同じ失敗を繰り返していることに気付けたら、上出来です。注意をいくら繰り返しても、本人に直す気や、同じ失敗だという自覚が薄い場合には、失敗する前に「同じような状況が、前にもあったよね」と声がけします。

すぐにかっとなって友達を傷つけてしまう子どもへの指導に頭を悩ませる先生が増えて

いるそうです。たとえば、給食で並んでいるときに横入りされたから暴言を吐いたとか、少しぶつかられたから暴力で返したなどその子を中心に次々とトラブルが起きます。このタイプの指導が難しいのは、場面によって違う事象として表れるため、問題の根っこは同じということに子ども自身が気付きにくいからです。ですから、友達を押した、暴言を吐いたという事象の一つ一つを注意するだけでは改善されません。自分にとっていやなことをされたら、どうするかを考えさせます。「横入りしないで」「どうして横入りするの？」と言ったかを尋ねます。確かめたか、尋ねたか、自分はいやだ、自分はこう思っているというのを伝えたのかをまずは確認します。「いやだ」ということを相手にきちんと伝えることも大切です。「三回も言ったのに、相手がやめなかった」と言ったら、相手に伝えたことは褒めたうえで、それでも、暴力や暴言はよくないと指導します。「周りにお友達はいなかったの」と尋ねると、「そういえば……」と周りに助けを求める方法があったことに気付きます。

次に、「やめて」と言われた側の子どもに、「やめてと言われたの？」と尋ねます。「うん、言われたけど、よくわかんなかった」と、何をやめて欲しいのか伝わっていないこともあります。

ポイントは、「やめて」ではなく、「○○をやめて」と何をやめて欲しかったのか伝えることです。ですから、『何々をやめて』と言った？」と問い返すことが大切です。

実は「ごめんね」も同じです。痛くてワンワン泣いているときにいくら「ごめんね」と言われても、それを聞く余裕がない。結局謝罪は伝わらず、「ごめんねも言ってくれない」となってしまう。ちゃんと、「ぶつけちゃってごめんね。わざとじゃなかったんだよ」のように、「○○してごめんね」と、何を謝っているのか、相手の立場に立って、相手に届くタイミングで言うことが大切だということを伝えます。

トラブルが起きたとき、謝った側の子どもにだけ「ごめんね」を言ったかどうか確かめ、「ごめんねを言ったのならいいわ」とのんきに構えていると、大事《おおごと》になることもあります。謝ったことが伝わっていないため、先方の保護者から連絡が入ります。「今日はAちゃんに押されたのに、ごめんねも言われなかった」とか、一方的にされたとか、何度もたたかれたとか、話がどんどん大きくなっていくことも。だから、謝りの言葉が相手に伝わっているかの確かめは必ずするように心掛けています。

「ごめんね」と言われ、安易に「いいよ」と返すこともさせません。「ごめんね」と言われたのに「いいよ」を躊躇するには、それなりの理由があります。そんなときは「Cちゃん、いつもは『いいよ』って言ってくれるのに、今日はじーっと黙ったままだね。なかなか『いいよ』が言えないのは、なんでだと思う？」と考えさせます。

最初は「痛かったから」「まだ怒っているから」などと答えますが、「それだけじゃないみたいだよ」と詰めていくと、「前にも同じようなことを何度かしたから」「ひどいことをしてしまったから」だと気付き始めます。そこですかさず、「同じことを何度も繰り返していたら、『いいよ』って言ってもらえなくなるよね」「今回したことは、すぐに『いいよ』とは許せないぐらいのことだったんだね」「あなたが周りで見ているお友達だったら、Dちゃんみたいな子とお友達でいたいな、仲よくなりたいなと思う？」と聞くと、「思わない」。このままでは、さすがに、ちょっとまずいな、と自覚してきます。

こうして、同じ失敗を繰り返してはいけないことや、これ以上はいけないという一定のレベルがあることを学ばせます。

それでもなお、自覚が足りないときには、周りにいる子どもに手助けしてもらいます。

周りにいた子どもたちに、「Cちゃんがすぐに『いいよ』って許してあげなかったのは、意地悪だからかな?」、と尋ねると、「そんなことないよ」「だって、ひどかったんだよ」とすぐに否定します。こうなると、ますます周りの目を意識せざるを得ません。

ある程度、トラブルが起きたときの対処法やコミュニケーションの仕方を教えたら、教師は司会者に徹するようにします。

トラブルが起きて、何らかの訴えがあったとき、まずはかかわった子どもたちみんなを近くに呼びます。その後は「Aちゃんは Bちゃんに言いたいことがあればどうぞ」「Bちゃん、今ので間違いないですか?」「本当に○○をしたの?」というように、何が起きて、どんな気持ちだったのかを整理するだけです。その際私はジャッジをしません。

この方法は『会議が変わる6つの帽子』(エドワード・デ・ボーノ著、翔泳社、二〇〇三年)という本をヒントにしたものです。議題について、事実だけ、感情面だけ、マイナス面だけといったように、一度に一つの視点からだけで考える方法です。六つの視点を、それぞれ六色の帽子の色で表しています。実際に帽子をかぶりはしませんが、事実と評価や感情、注意などを混ぜて話をさせないようにします。

その本では、白い帽子が「事実」なのですが、何かが起きたときに、まず私は白い帽子をかぶったつもりで、起きている事実だけを確認することに努めます。「それは、駄目でしょう」という私のジャッジや感情を入れてはいけません。こうすると、整理して捉えることができます。多くの場合、事実の次には、感情の帽子をかぶります。すると、不思議なことに、相手の立場の気持ちも語り始めるのです。さらに、どのように対処すべきであったかの提案も考えます。このやり方は、コーディネーターを務める際、大変役立ちます。

この考えは、保護者の話を聞くときにも使えます。たとえば、「○○さんから、このような電話がかかってきました」という連絡を受けた場合、事実だけをまず聞くようにします。保護者が「……それであちらが感情的になって……」、とおっしゃっても、本当に感情的であったかどうかは、その人の判断なので（その方にとって感情的に聞こえたのは事実ですが）、「言った」ことだけを受け止めます。すると、ずいぶんすっきりと事態を把握できます。

「『あなた』はどうしたいの？」
――「わたしは」の責任で語らせる

「どうして〜したの？」と尋ねると、子どもたちは必ず、「みんながしていたから」「みんなが……」と言います。そんなとき、「みんなって誰よ」とつっこみを入れたくなります。高学年の子どもには聞いちゃいますが（笑）。とにかく、「あなたはどうしたいの」とか、「あなたはどう考えたの」と問い返します。子どもたちは、「集団」を自分の都合のいいように使うときがあります。「『私』ではなく『みんな』なんです」と個の責任を回避しようとします。これは一人一人の判断力がしっかりしていないということです。一人一人が立っていないと集団は成り立ちません。ですから、「みんな」という気持ちだけは認めつつ、「あなた」はどうしたいのかを聞きます。

数人の子どもたちのために、クラス全体が休み時間にボールを使えなくなってしまったときのことです。ボール禁止となった理由を尋ねると、一人の子どもが代表して説明しようとしました。よく見られる光景です。でもそんなとき、「自分が考えていることや、気持ちをそれぞれが、言ってください。一人だけが悪いのではありませんから」と、一人ずつ話をさせます。代表者一人に言わせると、個の責任がうやむやになってしまいます。誰か一人に「言って、言って」と押しつけることは絶対に許しません。謝るのはあくまでも個人です。クラスの仲間に迷惑をかけたのは、それにかかわった一人一人です。

子どもは「最初にやったのは…」とよく言いますが、最初にやった人だけが悪いわけではないことを強調します。

「みんな」いたのだったら、誰かが気付いてやめさせればよかった。そのとき「自分は」どうしていたのか。気付いていたのか、いなかったのか。気付いていたなら注意する、他の人にも呼びかけてやめさせるなど、「自分は」何をすべきだったのかを考えさせます。だから一人一人に言わせるのです。

「わかるところはある？」——折り合い力を付ける

男の子が高学年になる頃には、女の子はすでにお母さんのよう。それくらい精神年齢の違いが大きい男子と女子。それよりも女子同士のトラブルの方が深刻化する傾向にあります。男子と女子とではそんなに対立しません。

男女間の対立は、半分レクリエーションです。もっとも、近ごろは対立どころか互いにかかわろうとしないという声も聞きます。精神的に一歩進んでいる女子がしらけてしまうため、男女がかかわる工夫が必要なのだそうです。子どもたちは、考え方に性差があることも、気質が違うこともよくわかっています。「先生、また男子が、フリーな時間はボール遊びがいいって言うんですよ」。「お前らだって……！」と始めると、わざと「では話し合う？決着するまで付き合うよ。でもフリーな時間が短くなっちゃうなぁ」と言う。すると「今日はボールに譲るから、だから次回は私たちのやりたいことをさせて」「いいよ」、とあっという間に交渉成立。遊びたいから（笑）。

世の中を生きていくのに、自分の思いどおりにばかりはならない。では、他の人の言うことをいつでも全部受け入れてもいられない。どこかで我慢しきれなくなる。他者と交渉することが不可欠です。高学年にはそういう折り合いの付け方を学ばせます。

物事を先生の鶴の一声で決めてばかりいると、折り合いの付け方がわからない子どもたちが育ちます。言い合いが始まったら、「しめしめ、よい機会だ」とこちらも心穏やかにやり合っているのを見ています。そしてどこで決着させるかを考えます。そういうチャンスは仕組もうと思ってもなかなかつくれるものではありません。揉めるときこそチャンスです。

五年生から六年生前半ぐらいまでに折り合いの付け方を身に付けさせておかないと、卒業に向かって、クラスで結束したいのに、揉め事が多くクラスの印象がよくないまま卒業を迎えることになります。

折り合い力を付けるためには、お互いに主張だけさせていても駄目です。整理が必要です。まず、受け入れられる点から考えさせます。「男子の言っていることで、なるほどねと納得できるところはあるの？」や「女子の意見でこれはわかるというところはあるの？」と聞いてみるのです。これにはコツがあって、女子から先に聞くようにします。男子に先に振ると、「どこもなーい」などと言って火に油を注ぐので（笑）。順番が大事です。相手の問題点を先に尋ねるのもだめです。けんかになります。納得できる点が先です。

すると「雨の日が多くてボール遊びをしていないから、ボール遊びをしたい男子の気もちもわかるけど……」と、女子は譲歩しながら答えてくれる。「なるほど、女子は男子のことを結構思ってくれているじゃない」とことさら感心しつつ、「男子は？」と聞く。男子も女子が自分たちの気もちを考えてくれているのに「全く理解できない」とは言いにくい。どこか妥協点や譲歩できるところを見つけようとします。男子が困っていると、女子が折り合うポイントを見つけてくれます。

ときには「ないと思っても、歩み寄る点は見つけるものだ。大人になるとよくある。だから大人になる練習だよ」と多少強引に折り合いをつけられるようにもっていきます。

相手が歩み寄ってくれているのにこちらが拒否していたら、ずっと平行線になってしまう。だから、一歩でも、半歩でも、歩み寄るのが必要なのだと。

そういえば、高学年を相手に「お互いに対等」だとか、「失礼だ」という言葉をよく使っていますね。授業中も、友達が発言しているのに、聞いていなかったり、人が一生懸命に話しているのにおしゃべりしていたり違うことをしていたりすると、「○○ちゃんの話を聞きなさい」ではなく、「いま発言している○○ちゃんに対して失礼な態度だ」と注意します。仲間として失礼だと。

「失礼」という感覚や概念は、低学年には難しいのであまり使いません。低学年のしつけとして「人の話に耳を傾けるものだ」というところから、高学年の、互いを尊重する態度としての話の聞き方というところまで、同じ「話を聞く態度」の指導にしても発達段階によって、かなり違います。

「私はわからないなぁ」——正論では解決しない

男女間のトラブルは学級経営につなげやすいけれど、女子同士の対立は一緒に話し合っていても感情的になり、こじれてしまいがちなのが難しいところです。

ただ、今の子どもたちは、一人一人はそんなに強くありません。個と個で言い合えるのは、よほど強いしっかりした子です。どちらかというとグループ対グループ、あるいはグループ対個のトラブルが多くなっています。

女の子のグループ同士が対立している場合は、別々に両者の話を聞きます。はじめから両者を呼んで話を聞こうとすると、牽制し合うばかりで理由を引き出すことができません。何が嫌でぶつかったり牽制しているのかをうまく説明できないこともあります。「みんなが嫌がっているから」とか、「なんとなく」とか、空気感で物事を捉えていることも多いものです。そのような場合は、「何で？」「どういうところが？」「もう少し具体的に言ってくれる？」と、質問する形で言わせます。こちらの感想や意見は一切言わず、とにかく子どもの気もちを理解することに徹します。そうすると一生懸命説明しようとすればするほど、はっきりしない、きちんと説明できない点に自身で気付きます。

双方の話を聞いたうえで、そして「相手も似たようなことを言っているんだよね。私には違いがわからない。」「似た者同士なんじゃないの？」と言うと、お互いに全く違うことで対立していると思っているので驚きます。

話を聞き出す間、私は「それが本当に嫌なの？」「わからないなぁ」を連発します。「何で」とか「わからない」という言葉をたたみかけつつ、私はあなたたちのことを理解したいという思いを伝えることが大切です。あなたたちのしていることは理不尽だと正論をふりかざすのは厳禁です。そのうち本人たちも「そもそも何で揉めてたんだっけ。もういいや」となる。

こういう対立が起きるのは、けっして悪いことではありません。むしろ高学年になったからこその成長の証です。高学年は、等質だと思う者同士でグループをつくり、安心します。一方で少しでも異質なものに敏感で、排除しようとする性質をもっています。そういう発達段階なのです。それを無視して、低学年に対して言うのと同じように、「みんな一緒に仲良くしよう」と繰り返しても、「先生はわかってない」となる。

これが「なんとなく嫌い」という感覚的な対立を生みます。このような場合、学級みんなを巻き込むのはやめようと悟します。それはたいがい納得します。直接かかわりのないクラスの仲間たちに嫌な思いをさせるのはよくないことを頭では承知しているのです。牽制し合わずに少し距離をおいたり、時間をおいたりしながら妥協点を見つけていくようにアドバイスします。互いに冷静になるだけで自然解消することも多いのです。

そのような状態の時にグループ活動を行う際には、グルーピングに配慮することは言うまでもありません。それでも完璧というわけにはいきませんし、専科の授業だってありま す。学習場面でも牽制し合っていたら、厳しく指導します。

それは、個人的な感情と、授業というある意味公的、社会的な場面を切り離すということとです。公私を分けて考えるのは、大人でも難しいことを子どもに伝えた上で、「大人になる練習のつもりで努力はしよう」と言います。今すぐ無理に仲良くすることまでは求めない。でも、努力しようと。特に女子は、少し大人扱いをするぐらいのほうが頑張ります。

努力してもうまくいかなかったときの、逃げ道もつくっておきます。相手が変わってくれない、冷たい、反応がないなど、うまくいかなくて当たり前。そんなときはいつでも相談に乗るし、いくらでも話を聞くよと言っておきます。はじめは頻繁に相談に来ていたのが、徐々に間が空くようになり、収束に向かいます。

そういうとき、男子がいい役割を果たしてくれます。女子同士のトラブルなど、気にも留めずに子どもっぽいことをやらかして、クラスを和ませます。また、男子も気を遣ってくれ、AさんがBさんを手伝っていたよなど、トラブルを抱えていた女子たちが努力をしているのに気付くと、教えてくれるのです。見ていないようで意外とクラスの動きを見ているのですね。

そんなとき、努力している子をみんなの前では褒めたりしません。バツが悪くて意地を張るなど、逆効果になりかねません。その代わりに廊下ですれ違いざまに、「○○君があなたのこと、努力しているよ、いいところがあるなと言っていたわよ」と伝えます。こじれた友達関係を改善しようと歩み寄るのには相当努力が必要です。その頑張りをきちんと見つけて、認めたいと思っています。そう思っていると、子どもたちが情報をくれるものです。普段女子の友達関係なんかには無関心そうな男子が自分の努力に気付いてくれ、先生に言ってくれたことが素直にうれしく受け止められるようです。

男女間トラブルは学級をまとめるチャンス！

女子同士のトラブルは社会性を育てるチャンス！

「わかっているよ」――心の間合いを大切にする

〈中学年〉「だれとでも仲よく」を強要しない

「だれとでも仲よくしましょう」は、低学年くらいまでです。低学年は、友達付き合いに関しても食わず嫌いなところがありますから、まずはいろいろな人と付き合ってみることが必要です。けれども、中学年ともなってくると、合う相手と合わない相手、一緒にいて居心地がいい相手、そうでない相手などがどうしても出てきます。

大人は、苦手な人に対して自分から近寄ってはいかず、適当に距離をおいて付き合います。子どもにだけ「だれとでも仲良く」を押しつけ、子どもを追い詰めないようにしたいものです。真面目な子どもほど、苦手な子とも仲よくしなくてはいけないと思いこみがちです。ですから、苦手な人と無理に仲良くする必要はないことを、悩んでいる子にはきちんと伝えます。苦手な相手に無理に近づかなくても相手を理解しようとする努力は怠らなければよいと。

難しいのは、本人は苦手と感じているのに、相手が働きかけてくる場合です。これは最初は仲良くなりたくて働きかけていたのに、相手がつれない態度だと、周りを巻き込んで攻撃するような、いじめに発展してしまう可能性もあるので要注意です。距離を置きたがっている子どもには、「相手に無理して付き合わなくていいよ。困ったり苦しいと感じたら、いつでも相談に乗るよ」とか、「最近、どう？」とか、細かく声かけをして反応を見るようにします。それこそ「お手伝い」をしてもらいながら様子を伺う。例えば、「一緒に下校したくないのに、相手がしつこく誘ってくると断れない。それが苦しい」というときには、断り言葉を一緒に考えます。「ごめんね。今日は考え事をしたいから、一人で帰るね」だったらどうだろうかなど。「『一人で帰りたいと言っているときは、無理に誘わないであげて』と言ってあげようか」と提案するときもあります。ほかのクラスの人と帰るなど、別の方法を考えたりもします。すぐには解決しなくても、対策を一緒に考えながら、子どもの状態を常につかむようにします。私に対して無理をして「大丈夫」と言っているのだなと思えば、今度は相手の子をお手伝いに呼んで、それとなく「○○ちゃん、最近、よく考え事をしているよね。一人で帰りたがることはない？」と話しかけます。「そういうときは、一人で帰してあげたら」と言うと、意外にもあっさり「わかった」ということも多いものです。

基本は辛いと感じている子に寄り添い、どうしたら気持ちが楽になるのか、どのようにしたいのかを引き出し、できるだけ希望を実現させる手助けをしていきます。

「知られたくない」気持ちにも配慮する

悩みを抱えている子は、笑顔が減ったり、みんなが盛り上がっているときに一人ノリが悪かったりします。様子が普通とは異なるので、そういう子を早く見つけ出すよう、日頃から気を配っておきます。

そういう子は、先生に何か尋ねられると嫌なためか、「いま私に声をかけないでくださいオーラ」が出ています。

いじめの報道で、先生も保護者も気付かなかったと伝えられることがありますが、わかる気もします。子どもは自分が困っているとか嫌な目に遭っていることを、あまり言いたくないのです。特に保護者や先生には心配をかけたくないから、限界ギリギリまで言いません。学年が上がれば上がるほど、自分のことよりも、相手を思いやってしまうのです。ですから、周りとのかかわりを断ちたがるオーラを見逃さないように、休み時間には自分からは寄ってこない子どもに声をかけるようにしています。

心が弱っている子どもには、少しでも心穏やかに過ごすことができるように、どこまで踏み込んでいくか、様子をうかがいながら対応します。

まずは「先生は察しているよ」とにおわせ、話をしやすい状況をつくります。クラス全体に働きかけるのは、話し合いを重ねるなかで、本人が納得してからです。私からクラスへどのように働きかけるか、内容も細かく打ち合わせます。

こういうときもっとも大切なのは、保護者との連携です。子どもが保護者に、自分の現状を伝えていない場合は、保護者と私が連絡を取っていることを本人に悟られないようにします。そうしないと、心を開いてくれなくなってしまいます。

大人もそうですが、悩みを誰かに言うことで多少はスッキリします。また、わかってくれる人がいるだけで乗り切れそうな気持ちになるものです。時間をかけ、子どもが自分の力で乗り切ったと感じられるまで、じっくり構えてとことん付き合います。

一瞬で心は折れますが、心が癒えるのには何十倍もの時間と労力が必要となります。そこまで教師が見守り、寄り添う覚悟が大切です。

学級の一員としての自覚を育てる

学習や生活の規律をつくるのは担任の仕事です。

学級集団としての最低限のルールについても、四月当初は担任主導で決めます。でも学校生活がわかってきた三年生では少し自由度を上げて、帰りの会はどうするか、日直の仕事内容やどんな係活動が必要かなど、自分たちで決める部分を少しずつ増やしていきます。四年生になると、クラスで相談しながら、どんどん変えていきます。このようなとき、子どもたちに自由にさせる部分と、変えないでほしい部分とを、あらかじめ伝えておくようにします。

ただし、子どもたちが、安易な方に流れたり、声が大きい子どもの意見にばかり流されるようであれば、担任が舵取りをします。きちんとした理由もなく意見を押し通す習慣を最初に付けてしまうのは危険です。結局、単に声の大きい子や力の強い子がリーダーとなってしまいます。これは、特定の子どもが、自分の都合のよいようにふるまうようになり、先生の前だけいい顔をして、弱い者に対しては強く当たるなど、ゆがんだ上下関係を生み出します。

うまく仕切るだけがリーダーの要素ではありません。みんなを引っ張る率先型、みんなを尊重する安心型、みんなを惹きつける引力型など、班活動、係活動、清掃など様々な場面でリーダー役を経験させ、育てていきます。

私の勤務している学校は、学級委員がいません。ある年、子どもたちから、ブルマン係(ブルーマウンテンつまり青山係)をつくりたいと申し出がありました。学級委員のような役割かと思いきや、ノートやプリントを配るとか、荷物を一緒に運ぶとか、教室の中での雑用係の域を出ません。雑用というのは、きまった仕事があるわけではありません。クラスのために役立ちそうな細々とした仕事を自分で見つけては働くのです。あまりに雑用ばかりで可哀想なので、新しい企画の相談役や、お楽しみ会の準備をお願いしました。すると、雑用係で鍛えられたブルマン係はリーダーとしての能力を存分に発揮し、お楽しみ会を立派に運営したのです。

先輩であった坪田耕三先生に、うちの学校で学級委員を置かないことのマイナス面は、リーダーが育ちにくいことだと、以前、言われたことがあります。

投票で選ばれる経験がないため、みんな、いい意味でやりたがりで、五年生、六年生になっても主体性がある。反面、わが身を客観的に見られないというのです。普通、高学年にもなると、全員をまとめるにはあの人がふさわしい、それを支える役割には、あの子が向いているとそれぞれの向き不向きを自覚していきます。ところが、みんなが「やりたい！やりたい！」ばかりで、それぞれの適性を見極める目や自覚が育たない。リーダーが育ちにくい環境とは、こういうことです。

反面、いい面もあります。選ばれる人を毎回固定化せずに、リーダーとなる可能性のある人たちをよりたくさん育てていくことができます。班長を週替わりにしてみんなにリーダー役をさせるのも同じねらいでしょう。「リーダーは威張ってる！」と憤慨していた子が、リーダーになってみんなをまとめる大変さや、自分なりに考えて進めていることに対して「威張ってる！」と言われることを経験する。そこで初めて「自分も言ったなぁ」と反省するのです。

中学年ではリーダーを含め、いろいろな立場を経験させることが、高学年になって、人と協力しようという意識を高めます。

本校では、三年生から三泊四日の宿泊合宿を行います。その際、班長、副班長以外に、食事係、保健係、レクリエーション係など、全員に役割を担わせます。同じ班の中に、係は一人しかいません。それぞれが自分の係の仕事に関しては、班の中で、リーダーシップをとらなければならない仕組みとなっています。

また、班のチームワークづくりのために、合宿前の遠足も同じ班で活動させます。遠足の班行動では、うまく協力できる班、揉め事ばかりで険悪なムードの班など様々です。遠足後に班長を替える班もあります。その後も班のなかの役割を見直しては活動することを重ね、「問題は班長ではなく、班員の協力にある」ことを実感するのです。合宿まで、班のメンバーを替えることは一切しませんが、どの班も大満足のチームワークで合宿を終えることができました。

「自分たちのために自分たちでやってね」
——主役は子どもたち

　運動会シーズンになると、学校全体が紅白に分かれ、練習に力が入ります。子どもたちは勝ちたい一心です。そんな子どもたちに、練習に入る前に、私は次のように伝えます。

「君たちが練習をしたいと言うのならば手伝います。練習方法もいくつか知っているよ。だけど、私がいくら一生懸命に練習をしても、先生はフィールドを走ることもできないし、大玉を押すこともできない。君たちの運動会です。私のためならば練習しなくて構いません。自分たちのために、自分たちで練習してね」。運動会だけではなく、学習発表会やお楽しみ会など、子ども主体の活動では、自分たちのためであることを強調します。「先生が『朝、練習しよう！』と言ったから集合するのであれば、全然練習しなくていい。そのかわり、みんなから『手伝って』と頼まれれば、朝早く来てラインも引くし、タイムも測る。いくらでも協力するよ」と。

はじめのうちは、みんな張り切って朝早くに集合して練習します。しかし、数日もすると、次第に集まりが悪くなり、数名だけとなります。すると、早朝から頑張っている子たちの練習にだけ付き合って、私はさっさと引き上げます。後から来た子たちは、そこでハッと気付きます。「ストップウォッチを貸してください」と言いに来て、自主的に練習を始める子どもが現れます。ここからが本当の練習です。面白いようにタイムもぐっと縮まってきます。本気になって取り組むからでしょう。

こうなると、休み時間も、自主的に練習する子どもが増えてきます。この後私は「えらい」「よかったね」と言って褒めてあげているだけでいいのです。

さて、足の速さは、いくらぐらい練習しても、速い子と遅い子が入れかわることはありません。

うちの学校は、三年生以上は全員が学年種目のリレーに出場します。みんながトラック一周走り、バトンをつなぐのです。

何の戦略もなしに走らせると、結果次第ではだれかを責めたり、速い遅いの優劣ばかりが強調されてしまいます。これでは、クラスの一体感は生まれません。

リレーの肝はバトンを受け渡すところです。そこで、初めてリレーを行う三年生には、次のようなヒントを与えます。

バトンゾーンは一〇メートルもあります。そのなかであれば、どこでバトンを受け渡してもよいのです。黒板に図を描きながら説明すると、「あっ！いい作戦を思いついた！」という子どもが何人も現れます。「足の速い子と遅い子が交互に走ればいいよ」というのです。つまり、速い子はバトンゾーンの一番手前でバトンをもらって一周走り、バトンゾーンの一番奥で遅い子にバトンをする。足の速い子はなるべく長く走り、走るのが苦手な子を助けてあげるのです。さらに一人が、〇・一秒速く走ると、十人で一秒タイムが縮むよと言うと、「それはすごい！」と俄然やる気がでます。具体的な数値目標が示され、足の速い人も遅い人もそれぞれクラスみんなのために少しでも速く走ることが全体のタイムを縮めるという明確な目的が見えたからです。すると、速い子が遅い子を誘ったり、それまで理由をつけては練習しなかった遅い子が、休み時間も自分から友達と走る約束をしたりと、助け合う空気が生まれます。

「朝、練習する」と宣言をしてさせるのではなく、子どもが自ら考え、動けるようにしていくのが私たちの仕事です。朝、練習に来られない子どもにも何か特別な事情があるのかもしれません。単に逃げている子どもには、「ふだんは遅く登校している子たちも早く来て練習しているよ。○○ちゃん、来られないかなぁ。みんな待ってるよ」と声がけします。すると次の日から少し早く来て、練習に参加します。

子どもたちの、身体能力はそれぞれ明らかにちがいます。走るのはだれが得意で、だれが苦手かなんて、子どもたちはみんなわかっています。

そのちがいを、協力と知恵や工夫で乗り切ろうとする過程が学級づくりではないでしょうか。そう考えると、運動会は、学級づくりの貴重な場といえます。

「惜しい」「残念」「ごめんなさい」「ありがとう」「どうぞ」――子どもを動かす「かかわり言葉」

「惜しい」「残念」

子どもを動かしたいときによく使う「かかわり言葉」があります。ここでは、そのような「かかわり言葉」をご紹介しましょう。

教師がよく使う言葉は子どもにもうつります。「ダメ」とか「違う」という否定的で為す術もないような言葉よりも、「惜しい、あともう一息」「残念」「がんばれ」というような優しい言葉を身に付けて欲しいと思っています。

同じ趣旨で、お説教のとき、前置きに「残念なお知らせがあります」と言うことがあります（笑）。

「こんなダメなことがありました」と話し始めてしまうと、ただ怒られるぞという心構えになります。けれども「残念」と言うと、まだ挽回のしようがあり、希望がもてます。また、先生を残念に思わせてしまったという反省の気持ちにつながります。

「どうぞ」

後ろの席の人にプリントを回すときなどに使う言葉です。ただ無言で乱暴に置くのではなく、一声掛けることでお互いの空気がなごむので、何気ない言葉ではあるけれどとても大切な言葉です。

そういうときも、「『どうぞ』と言いなさい」と言わせるのではなく、教師が普段から率先して使ったり、使っている子どもを褒めたりしているなかで、自然に子どもたちに定着させていきます。

朝会のように、同じ時刻に全校児童が集まるときに、出入り口で下学年を「どうぞ」と優先させます。それも子どもはよく見ていて、担任が一緒にいないときにも真似して、下級生に道を譲る姿が見られます。

「ごめんなさい」

「ごめんなさい」も当たり前ですが大切な言葉です。教師も間違えたり勘違いしたりすることはありますし、それを子どもに指摘されることもあります。そんなときにはきちんと「ごめんなさい」と謝ります。

それなりに考えや理由があったとしても、まずは認めて謝ります。いきなり言い訳を言うのは最悪です。子どもがしたら叱るでしょう。そもそも、「でも」「だって」から始める会話は相手に受け入れてもらえません。

子どもに使って欲しいと願っている、一生大切に使える「かかわり言葉」は、教師も使うべき言葉だと思っています。「物事を教える」ことを除いて、相手が子どもであっても、基本的には人間同士、対等の関係であると心しています。

表彰状――一年間の感謝を込めて

国語で『わすれられないおくりもの』（スーザン・バーレイ著）の学習をしたときに、アナグマさんのシリーズ本を読みました。そのなかの『アナグマさんはごきげんななめ』は、自分がみんなに必要とされていることや愛されていることに不安をもち、機嫌が悪くなったアナグマさんのためにモグラがパーティーを開き、表彰状を渡すというお話です。自分たちも表彰状を渡し合いたいという声が子どもからあがったのでそれを学級でも取り入れました。

今は、どの学校でも、いじめアンケートを行っていると思いますが、「○○に△△をされました」のような、嫌なことをされたことばかりを書くのは切ないですね。もちろんアンケートはしなければなりませんが、お互いに感謝し合ったり、よいところを認め合ったり、愛情を感じるようなこともしたいと思っています。

表彰状といっても、一〇〇円ショップで購入した付箋をカードとして利用しただけのものです。最初は、出席番号がペアの男女間で贈り合うとだけ決めました。一人何枚書くというノルマもありません。あとは男女だれでも好きな人に好きなことをどれだけ書いてもいいとしました。もらったからといってお返しをする必要もありません。けれども、子どもたちは、みんな思いの外たくさん書きました。

紙が小さかったため気軽に書けたのがよかったのでしょう。

入学して最初に書いた自分の名前や手形などをはじめ、三年間の思い出を残したスケッチブックを個々もたせていたのですが、その最後のページにもらった付箋を貼って記念としました。どの子どもも一枚一枚大事そうに貼っている様子が見られました。

三年生くらいになると、先生が大袈裟に褒めるよりも友達に褒められるのが一番嬉しいようです。アナグマさんの物語に倣って表彰状や「称えます」という形式を使うとかっこよく、照れもなくできます。これは、高学年でも喜んで取り組みます。普段はケンカしたり揉めたりしても落ち着いて考えると「こんないいとこあるな」と気付き、面と向かって普段は言えないことも書けます。もらった方は「いつもこんなふうに見てくれているんだ」と心が穏やかになります。

どの学級でも「いいところ見つけ」などをするでしょうが、道徳や総合など、授業の一環でやると教師の目的が見え見えで、子どもは興ざめしてしまいます。アナグマさんの読み聞かせから、「カップケーキを作るのがうまいとか、スローダンスがうまいとかでも表彰状にできるんだ」と、自然に子どもたちの中から「自分たちもやりたいね」と言う気持ちが生まれてくるように仕組むことが大切です。

また、家庭学習としてのお題日記を書かせるときに、ときどき「いいところ見つけ」をさせることでもできます（写真は五一頁）。人でも、物でもいいよと言って宿題にするのですが、自分のいいところ見つけをしてくる子もいます。それを匿名でも学級で発表してみると、「えぇー!自分で自分のことを褒めている〜」などと言っていた子たちも、「私も

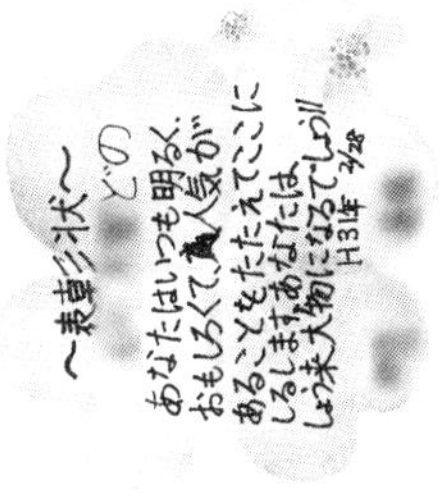

～表彰状～
どの
クラスで１番 足が速くて、
人にいじわるしないことを
たたえます。
H31.3.13

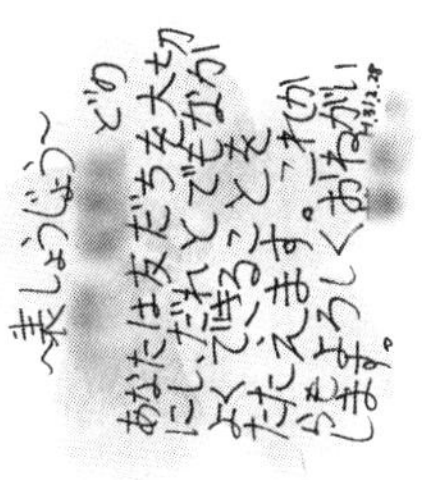

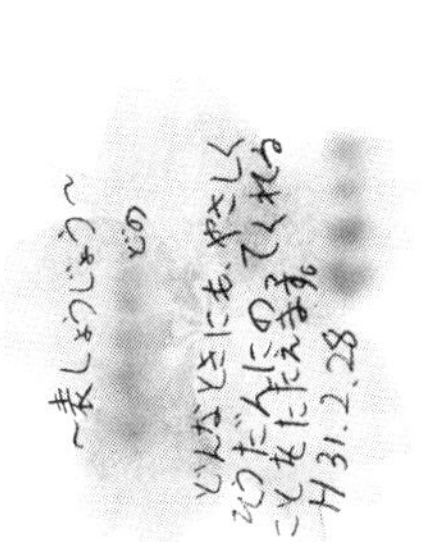

～ひょうしょうじょう～
どの
いつもみんなに親切で
あきらめずにがんばる事
をたたえます。
H.31.3.8.

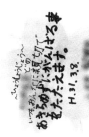

やってみようかな」と言い出します。「お友達のいいところを見つけよう」とか決めずに、間口を広げてやることであざとくなりません。

日本の子どもは自己肯定感が低いと言われていますが、こういう経験が少ないからではないかと思っています。

第３章　チームで育てる
——保護者・学年団・学校全体で

学級づくりは保護者づくり

私がよかれと思ってやっていることと、保護者がありがたいと思うことは違うなあと思うことがよくあります。

たとえば、子ども同士のトラブルは、人とのかかわり方を身に付けるよいチャンスですから、私は悪いこととは思っていません。けれども、保護者はトラブルはなければないほどよいと思っています。

子どもはトラブルがあっても、すぐに忘れて仲よくできる回復力があります。その能力は低学年ほど長けています。けれども、大人はずっと忘れることができません。さらに

「親である自分の責任」「自分の育て方の問題」というように捉えてしまうこともあります。また、相手の保護者の責任と考えることも少なくありません。

クラス内で何かあったとき、直接にはかかわっていない子どもの保護者から当事者に連絡がいくことがあります。ＬＩＮＥの影響などで、年々その傾向は増しています。そのようなとき、「担任から連絡がないうちは大丈夫」と保護者はゆったり構えていてほしいことを、あらかじめ伝えておくことが大切です。今は一人っ子も多く、保護者も保護者一年生という家庭も多いので、以前に比べ丁寧にアナウンスするようにしています。

何か問題があって子どもに不安定な様子が見られるとき、保護者と面談をします。そんなときも、子どもの問題行動から話し始めるのではなく、まずは私自身が今、「どんな子どもに育って欲しいと思っているか」から話すようにしています。そのために、「こういうところは問題ないです。でもこの部分は気になっています。だからこういう指導をしています」と具体的に伝え、そのうえで、「何か家庭で気になっていることはありますか、家庭のお考えはいかがですか」と保護者の教育方針との、擂り合わせをはかります。

最終的には、自立した人間になって欲しいとか、人とうまくかかわって助け合って生きて欲しいという願いは、どの保護者でも私たち教師と共通しています。ですから、そのために今何をすべきかというスタンスで話し合えば、保護者対応もそれほど難しくありません。

低学年は「手をかけ、目をかけ」かかわってもらいます。中学年以降は徐々に「目は離さず、手は離す」にしてもらいます。手を離すと同時に、目も離してしまう保護者が多いので、何ができているかいないのか、どのようにしているのか家庭でも把握してもらえるように工夫しています。

学校と家庭の役割分担を明確にしてチームワークで育てる

保護者には、「学校は学習するところです」ということを、きちんとアナウンスしておく必要があると思っています。年々この思いが強くなっています。というのも、あれもこれも学校で育ててほしいという要求が高くなっているからです。子どもたちは起きている時間の大半を学校で過ごしているので、その気持ちもわからなくはありません。けれども家庭教育の部分も学校が何でも引き受けるのは決していいとは思いません。子どもの育ちに、家庭の教育力は大事な役割を果たすからです（もちろんそれぞれ事情を抱えた家庭に対する個別の配慮は不可欠です）。そこで、年度頭初には、学校と家庭との役割を明確にしておきます。

低学年、特に一年生は、まだ幼稚園や保育園の延長ですから、「ありがとう」「ごめんなさい」「いただきます」といったあいさつや基本的な生活習慣、食事のマナーなどのしつけから、基本的なコミュニケーションの指導が必要です。学年が上がるに従ってしつけの部分は、徐々に家庭に任せたいところです。

さまざまな教育方針の幼稚園や保育園から入学してきますし、各家庭によって教育方針もさまざまです。ですから、小学校のスタート段階で、まずは揃えるべきところは丁寧に揃えていく必要があります。

最近特に気になっているのは、子どもの言葉に、意味や気もちがのっていないことです。たとえば、「ごめんなさい」という言葉を、状況的に、「とりあえず言っておくといいな」

と思って口にしているなと感じることがあります。というのも「今、なんで『ごめんなさい』って言ったの？」と問うと、きょとんとしているということがあるからです。子ども同士で「大丈夫？」や「頑張れ！」と声をかけ合っていても、気もちが伝わってこないのです。そのため気もちと言葉をつなぐことに心を配ります。

家庭に協力してほしいことは、細かく見通しをもたせて伝えることがポイントです。たとえば、宿題のドリルの丸つけひとつとっても低学年は保護者にしてもらい、中学年は子どもが自分で丸つけした後に保護者がチェックする。高学年はすべて子どもが行う。このような六年分の説明をします。低学年であっても、今後どのように手を離していくのかの見通しをもってもらうことが大切です。三年生になったから子どもに丸つけをさせてみて、間違っているものにも丸をつけていれば、まだ手を離せないなと保護者が判断できます。反対に二年生の後半から、自分で丸つけをさせて様子を見ることもできます。

家庭学習の時間の目安も、一年生が三〇分。学年が上がるに従って、一〇分ずつ増やすことも伝えておきます。

一年生では、家庭と協力して、基本的な生活習慣を揃え、学習や学級づくりの土台を整えます。その後は折にふれ家庭でも、個に応じた手立てのヒントを提供していきます。

学級通信の功罪

保護者会は年に二、三回しかないため、学級通信を使って予定に関すること以外に、担任として何を大切に考えているかを保護者に伝えるように心がけています。例えば「三つの約束」など学級のルールもその一つです。それ以外は、できるだけ「よかったこと」を書いています。他の子どもが叱られたことやトラブルの話は、子どもが家庭で話をしています。自分が叱られたことは言わないことが多いですが（笑）。周知させる必要のないことを書いて「○○さんのことよ」など、うわさ話を助長させることのないよう、取り上げる内容は気を付けます。注意の場合は、全員に喚起したいことだけにとどめます。

「よかったこと」は、話題にするだけで明るく前向きな気もちになります。自分が褒められていたら、その子どもや保護者は一層うれしいことでしょう。そんな学級通信でしたら、教室の机の中に丸めたまま、なんてことはなくなります。

学級通信は、子どもたちの保護者に伝える力を補う役目もあります。特に低学年の子どもたちは、「今」を生きているので、家に帰ると「過去」となってしまった学校であったことは話さないようです。

また、学年に関係なく、家で学校でのことをいろいろ話す子もいれば、学校のことを家では全く話さない子もいます。話さないお子さんの家庭では学級通信が情報源になりますし、またそれを話題にして、お子さんと学校のことを話すきっかけにもなります。


ただし、学級通信も出す回数を徐々に減らしていきます。連絡帳と同様に、親子とも自立していってもらうためです。

以前、学級通信をほとんど出さない先生と同じ学年を受けもっていたことがありました。クラス替え直後に終礼で「連絡帳を出して」と声をかけると、その瞬間、サッとメモをとる用意をできたのは、クラス替え前は学級通信の少ないクラスだった子どもたちでした。学級通信がないから、連絡帳を書くことは死活問題であり、鍛えられていたのです。また、その子どもたちは、忘れ物をほとんどしませんでした。そのとき、丁寧にサービスし過ぎると、子どもも保護者も自立できないことを学びました。それに気付いてからは、学級通信は年度頭初は小まめに出しますが、必要のあるときだけにして、そこに「よかったこと」を加えることにしました。

それ以来、学級をスタートさせたとき、どんな学級にしようかということを考えるのと同時に、どのように手を離して自立させるかも考えるようになりました。

まずは、自分は学級通信を何のために出しているのか、一度振り返ってみるとよいでしょう。クラスの状況や予定を伝えるためだけか。学級を育てる視点で内容や頻度を考えているか。担任の自己満足になっていないか。「先生はこんなにうちのクラスのことをかわいがってくれている」と保護者に安心してもらうための配慮は、最初の一、二か月で十分です。

毎週、次の週の予定を細かく出すのは、遠足や健康診断など行事が多い、年度当初は必要でしょう。けれども、それをルーティーンだからと小まめに出し続けるのがいいかは疑問です。子ども自身が見通しをもって計画的に生活する力や、メモ力などをコンスタントに鍛えていくのには、連絡帳が適していると私は考えています。すると、自ずと、学級通信の出し方も変わってきます。

学級通信も年間指導計画のように一年間というスパンで捉えてみませんか。

保護者との約束

学年はじめの保護者会で、トラブルが起きたときの子どもの言葉について毎年お伝えしていることがあります。それは、「子どもは、基本的にうそはついていません。けれども、それは真実でもありません。だから、トラブルが起きたときに、保護者同士で連絡を取り合わないで下さい」ということです。

子どもがだれかに何かを「された」と訴えるとき、うそはついていません。確かに○○ちゃんにいやなことを言われたとか、こづかれたとかしたのでしょう。うそはついていません。けれど、気を付けなければいけないのは、子どもは自分が見たり感じたりした範囲のところだけでされたことを言っているということです。子どもは先に自分が何かをして、そのことが原因で起きたことでも、その子の中では前の出来事はすっかり分断されていることがよくあります。だから、けっしてうそをついたり隠したりしていません。けれども

「僕は（私は）こんなことをされた」ことは出来事の一部分であり、全体像からすると真実とは言えないのです。

大人からすれば、それは仕方がない、自業自得だと思うことでも、子どもは自分から見た一部分を切り取って「された」ことを話します。それが子どもの特性なので、保護者には担任に連絡をして確かめるようにお願いしています。そうすれば、前後にどういうことがあり、周りがどういう状況で起きたことなのかを、説明しますと。何かを「した」側も「された」側も、切り取られた部分の話を聞いてやりとりをしても、真実もわからないしこじれるだけです。ですから、保護者同士で話さないでくださいということです。

保護者同士で連絡を取り合ってこじれてしまってから学校に相談されてもまずうまくいかない。

子どもは、いくらやり合っても、忘れられます。特に低学年はすぐに忘れる。大人はずっとしこりとして残ってしまうので保護者同士でやり合ってからでは、こじれた傷の修復は難しいです。ですから子ども同士と担任に任せるところは任せてほしいと、何も起きていないときに説明しておくことが大切です。

ここまでお話ししてきたように、子ども同士のトラブルは、保護者同士ではなく、教師を介して連絡することを鉄則とします。たとえば「こういうことをしてしまったようなので、先方におわびを申し上げたいのですが」という連絡を受けたとします。

お詫びの電話も、まずこちらが状況を把握した後に入れてもらっています。そして、先方の保護者に連絡します。はじめは怒っていたとしても、担任と話しているうちに落ち着くことも多いものです。落ち着かれた頃に、「先方がご連絡したいとおっしゃっていたのですが私からお詫びのお電話を待っていただいていました。この後、ご連絡があります」。と伝えておきます。そうすると、保護者同士でも少しは落ち着いて話すことができるようです。もちろん、怪我などの緊急性が高いときはできるだけ迅速に対処します。

怪我をした場合は相手のあることでも、本人ひとりの怪我でも、先にこちらから連絡を入れ、帰宅後の様子を伺います。相手がいる際には必ず「先方の親御さんは、ご存じでしょうか」と言われます。そこで、「先方の保護者と私とで、その子に指導をしているところです。」とか「今後、このようなことのないように、注意致します」と誠意をもって対応します。このようなとき、自分の子どもが傷つけられたり、けがをしたりしたつもりで話すようにしています。そうすれば、自ずと言葉の選び方も定まります。

保護者との連絡方法

ほとんどの学校では緊急時に緊急一斉メールが配信されることになっています。しかし、よほど緊急性が高い場合を除いては、保護者との連絡は連絡帳か電話がよいです。殊に、問題が起きたときなどは、直接会うか、少なくとも電話に限ります。声のトーンや間合いで気持ちや微妙なニュアンスがわかります。書面の文字だけでは誤解を招くおそれがあります。たとえば「すみません」という言葉ひとつでも、「本当に申し訳ありません」ととるのと軽い感じで「ごめんなさい」ととるのとでは、大きく変わってきます。電話をするほど急ぎでないならば連絡帳に手書きでやり取りする方がいいです。何より考えながら、手で書いているうちに冷静になります。多少気持ちが乱されるような出来事でも、保護者に事実だけを客観的に整理して伝えようと努めることができます。保護者から担任に対しても同じことが言えるでしょう。文字として証拠に残るので言った言わないのトラブルも避けられます。

面談での連絡帳活用法

個人面談は学期に一回しかありません。三学期制ならば三カ月に一回とか、二学期制になると半年に一回です。そんな貴重な限られた時間に状況説明だけで終わってしまうのではもったいない。保護者からも情報をいただきたいですし。子どもの実態について、宿題の取り組み方、提出物や忘れ物の状況などはある程度情報を共有しておいてもらうと、面談の時間をより有意義に使えます。個人面談の前に連絡帳を見ておくだけでも、「全然書けてないから授業の準備ができていないかも……」とか、「赤い字がいっぱいだから、忘れ物が多いわ」など保護者が、状況を把握できます。

面談で「初めて状況を知りました」とならないために、忘れ物の状況がどうなのか、ルーティンワークがちゃんとできているのか、保護者が本人に聞き取らなくてもわかるすべを、学校でつくっておきます。

「説明責任」という言葉がありますが、説明責任は、何か起きたときに申しひらきすることだけではなく、子どもの普段の取組についてもそれ自体が説明となるような活動を仕組んでおくことも必要だと思っています。

例えば漢字ドリルも、ちゃんと出しているときには赤で丸していますが、催促しているのに何日分かまとめて出したときは、青で丸をしています。そうすると、「まずい、青丸になってしまった」と自覚して取り組むようになります。

保護者も、ノートを見れば、「青丸だわ。うちの子、こんなに宿題をためていたのね」や「宿題はきちんとやって、学校にも持って行っていたのに、どうして提出していないのかしら」と様子がわかります。例えばそのとき、家庭内に病人を抱えていたり、下の子に手がかかっていたりなど原因がはっきりしていれば、学期末を待たずに担任に連絡をくれます。事情がわかればより小まめに言葉がけをしたり、放課後に宿題をさせたりと、フォローできます。面談まで待たなくても、学校と家庭の両者でフォローアップする見通しを立てられます。このように、家庭でも子どもの状況がわかるような仕掛けをたくさん仕込んでおくのです。

また、保護者は、他の子どもが書いたものを見る機会はないので、我が子の取り組み具合がどの程度のものかわかりません。そのため保護者会や面談のときには、ノートや作文、ポスター、新聞などの成果物を並べて見てもらうようにしています。低学年は、宿題など家庭で書いたものも展示しますが、学年が上がるにしたがって、授業時間のなかだけで仕上げたものを並べるようにして、家庭で褒めてもらう材料とします。反対に、うちの子、授業がわかってますかね」と面談を待たずに保護者から相談を受けることもあります。こちらから連絡して「呼び出された」気分にさせるよりもずっと、前向きでスムーズな話し合いができます。

学期末に面談をしても、すぐ、長い休みに入ってしまいます。その上、休みの後は子どもはリセットしてしまいがちです。前の学期にできていたことができなくなることがあるくらいです。

気付いたときに話し合って、具体的な方策をとり始めれば、二〜三週間後の面談では、そのやり方で効果がありそうか、それとも別のやり方に変えるかの話から始められます。気付きや手立ての相談は普段からしておき、その成果や今後の対策を話し合う場が面談です。

面談の一カ月ぐらい前には、「最近忘れ物が続いているので、連絡帳を私が毎日チェックして手伝うかどうか、お子様と相談しています」というように保護者にアナウンスします。面談の準備は一ヶ月前から始まっているのです。

チームで育てる

養護教諭との連携

悩みを抱えている子どもへの対応は、自分一人で行き詰まりそうになったら、養護の先生の手も借ります。悩みを抱えた子どもは、用もないのに保健室に行く回数が増えることが多く、異変の兆候は養護の先生が察知しています。養護の先生と情報を共有しておくことが大切です。

保健室は、子どもにとって心安らげる逃げ込み場所です。やさしくしてもらえるし、避けたい相手がそこまで追ってくることはありません。

子ども自身は、原因を自覚していなくても、気持ちの面からおなかや頭が痛くなったりします。心の傷に手当てをしてもらうかのように、一日に何度も保健室に行く子どももいます。

特に高学年の女子はデリケートですから、クラスの状況を知っている担任には本音を語ってくれそうにないという場合は、養護の先生から情報をもらい、連携して対応するようにします。

保健室に人があまりいないとき「お手伝い」に送りこんで、何気なく聞き出すようにお願いしておきます。

「何でおなかが痛くなっちゃうんだろうね、こんなにしょっちゅう」とか、「何か心配事やいやなことがあったりすると、おなかが痛くなる人もいるよ」と保健室の先生に言われると、「実はこんないやなことがあって」とか、「こんなことが今気になっていてね」と話せるようです。

学級担任は、サル山のボスのようなイメージをもっている方もいますが、基本的に担任一人でその学級を見ているのではないという意識はいつももっています。何か起きたときの責任は担任の私です。けれど、クラスのことは自分が何でも知っている、自分一人で統率していると思うのは間違いです。たくさんの人の目や手、知恵があるのが学校です。さらに、学校に加え、子どもの後ろには保護者という力強い味方がいます。

保護者は自分の子どものことをまず中心に考えています。私たちはその保護者から大切な子どもを預かっている立場です。教師と保護者は立場は違いますが、保護者も学級経営の大事なサポートメンバーです。専科の先生や養護の先生も含め、すべて学級集団のサポートをしてくれる人たちです。

経験の浅い先生は何もかも全部自分ひとりで抱え込み、結局、どうにもならなくなってから周りに相談したり、本人がつぶれてしまったりするのを見聞きします。責任感の強い人ほど陥りやすいのですが、人に相談するのは無責任でもプロ失格でもありません。どうしていいかわからないとか、手立てが見つからないときには、先輩の先生や養護の先生、管理職といったプロ集団に、早い段階で相談するべきです。

学年団の連携

学年団の連携はとても大切です。普段から風通しをよくしておく必要があります。教師も一人の人間として、ライフステージがあります。出産があったり、まだ子どもに手がかかる時期で、託児所にすぐにお迎えにいかないといけないこともあるでしょう。介護の問題を抱えている方も増えています。自分自身が病気になるかもしれません。反対に、今は仕事に全精力を傾けられるという人もいるでしょう。このように、心おきなく働けるときと、学校以外のことにも気を回さなければいけないときと、いろいろあっての何十年かの教員人生です。

それぞれ異なった事情がある人がチームを組んで学校や学年は組織されています。「いま私は大変なので少し手伝ってくれませんか」と言える学年団や学校でありたいものです。ですから、時間的にも精神的にも余裕がある状態であるにもかかわらず、「何で私があの人を手伝わなければならないの?」とか、「また補欠に入らなくてはいけないんですか?」と、自分の損得だけで動く人は信頼されません。お互い様なのだと考えることです。そういう職場でなければ穏やかな気もちで子どもに接することができません。異動もありますから、特定の相手との貸し借りと狭く考えるのではなく、それぞれが何年間というスパンで自分が今できることをやり、互いに補い合いながら集団を育てるという意識が不可欠です。

ライフステージだけではなく、キャリアや年齢がバラバラだからこそ集団の力を生かせます。二十代で若くて体力がある先生は、子どもの気持ちがよくわかることでしょう。走り回ったり、体力のいる仕事も頑張ってもらえばいい。また、何か困ったときの知恵やアイデアは、経験豊かなベテランのほうがあるかもしれません。キャリアが少なくて若いからいいこと、できることと、ベテランになったからこそできることと、それぞれの知恵を出し合って子どもを育てていくのが、バランスのとれた学年団の姿だと思います。

子どもも先生たちの姿を見ています。様々な事情で大変そうな教師がいたとき、他の教師が気が付いて手助けする様子を見て、「大変な人がいたら手を貸すものなのだなとか、その場その場で、できる人がすればいいんだな」と感じています。そのような姿は、人の生き方として見せていいと思います。反対に、見せたくはない姿もあるということです。

だから先生同士の関係性、学年団としての関係性も、子どもが見ていることを意識したほうがいい。もちろん、子ども経由で保護者も見ていることを忘れてはいけません。

学級担任は、自分の学級に責任を負わなければなりません。たて続けに問題が起きて、投げ出したくなるときもあります。けれども、心を砕いて学級経営をすればしたなりに、卒業後もつながっている絆ができます。

時折「私の学級のことは私一人がいちばんわかっています」という先生がいますが、それは気概だけに留めておかないと独り善がりとなります。独り善がりで学級経営をしていると、後からしっぺ返しがきます。

他の先生に教えを受けたら、「うちの学級のことに口を出さないでください」ではなく、一旦は謙虚に受け止めます。言われたことを全部取り入れるかどうかは別ですが、他の先生から、何も言われなくなったらおしまいです。担任が知らない子どもたちの姿もあります。「先生のクラスの〇〇さんはこういうことをしていましたよ」と言ってもらえることが大切です。子どもと保護者からの情報が入りやすいようにするのと同様に、仲間の先生方からの情報も入りやすいようにしておかないと、よい学級経営はできません。

人の意見にとりあえず耳は傾け、でも、ちょっと違うなと思えば自分のやり方で行えばよいのです。

学級担任の仕事は、楽なものではありません。責任も伴います。

でも、その何十倍、何百倍も面白く、やりがいがあるものです。

保護者や管理職、学年団、養護教諭、地域の方々など大勢の支えをいただきながら、子どもの成長をコーディネートできる贅沢を味わうことができます。

おわりに

子どもは平日、起きている時間の大半を学校で過ごします。だからこそ、学級は、一人一人の子どもが自分の居場所として、安心して穏やかに過ごすことのできる場でありたいと思っています。

そのために、私が自分の学級で行っているいくつかを述べさせていただきました。ごく当たり前のことを述べたに過ぎません。けれども、当たり前のことを普通に行うことが難しいと感じています。

当然のことながら、毎年学級の子どもは違いますし、その集合体である学級となるともっと違いが出るからです。

さらに、同じ学級集団であっても、日々変化しています。

ですから、学級経営にマニュアルなどありません。

その時々、子どもをよく見て、子どもの声に耳を傾け、懸命に行っていくしかありません。

本書が、先生方がご自分の学級の子どもたちと笑顔で過ごす一助となれば幸いです。

〈著者略歴〉

青山由紀（あおやま・ゆき）

筑波大学附属小学校教諭。
東京都出身。筑波大学大学院修士課程修了。私立聖心女子学院初等科教諭を経て現職。日本国語教育学会常任理事。全国国語授業研究会理事。光村図書小学校『国語』『書写』教科書編集委員。明確な授業理論に基づきながらも、実際の授業に取り入れやすい、子どもの思考に寄り添った具体的な実践提案に定評がある。

〈主な著書〉

【単著】
・『子どもを国語好きにする授業アイデア（学事ブックレット国語セレクト）』学事出版、2005年
・『板書でわかる国語　教科書新教材の授業プラン小学校4年』東洋館出版社、2011年
・『青山由紀の授業　くちばし/じどう車くらべ/どうぶつの赤ちゃん』東洋館出版社、2018年

【共著】
・『まんがで学ぶことばあそび』国土社、2007年
・『白河発　問題解決的な学習と考える力—12の視点で国語授業をつくる』東洋館出版社、2010年
・『古典が好きになる—まんがで見る青山由紀の授業アイデア10』光村図書出版、2013年
・『板書　きれいで読みやすい字を書くコツ』ナツメ社、2013年
・『筑波発　読みの系統指導で読む力を育てる』東洋館出版社、2016年
・『光村の国語　この表現がぴったり！にていることばの使い分け〈1〉気持ちを表すことば』光村教育図書、2016年
・『光村の国語　この表現がぴったり！にていることばの使い分け〈2〉性格や特徴を表すことば』光村教育図書、2017年
・『光村の国語　この表現がぴったり！にていることばの使い分け〈3〉動作や思考を表すことば』光村教育図書、2017年
・『「資質・能力」を育成する国語科授業モデル（小学校新学習指導要領のカリキュラム・マネジメント）』2017年

他執筆多数。

「かかわり言葉」でつなぐ学級づくり

2019(令和元)年6月15日　初版第1刷発行
2021(令和3)年2月8日　初版第5刷発行

著　　者：青山由紀
発 行 者：錦織圭之介
発 行 所：株式会社　東洋館出版社
〒113-0021　東京都文京区本駒込5丁目16番7号
営業部　電話 03-3823-9206　FAX 03-3823-9208
編集部　電話 03-3823-9207　FAX 03-3823-9209
振　替　00180-7-96823
U R L　http://www.toyokan.co.jp
イラスト：キムラみのる
装　　幀：小口翔平＋山之口正和（tobufune）
本文デザイン：宮澤新一（藤原印刷株式会社）
印刷製本：藤原印刷株式会社

ISBN978-4-491-03541-3 ／ Printed in Japan